AF378738

LA FRANCE
VERS LE BIPARTISME ?

SCIENCES PO

Gérard Grunberg et Florence Haegel

LA FRANCE
VERS LE BIPARTISME ?

La présidentialisation du PS et de l'UMP

SCIENCES PO
LES PRESSES

Catalogage Électre-Bibliographie (avec le concours des Services de documentation de la FNSP)
La France vers le bipartisme ? La présidentialisation du PS et de l'UMP /
Gérard Grunberg et Florence Haegel. – Paris : Presses de Sciences Po, 2007.
ISBN 978-2-7246-1010-9
RAMEAU :
– Partis politiques : France : 1990-….
– Pratiques politiques : France : 1990-….
– Bipartisme : France : Prévision
– Parti socialiste (France) : 1990-….
– Union pour un mouvement populaire (France)
– Présidents : France : Elections (2007)
DEWEY :
– 324.2 : Partis politiques

Public concerné : Public motivé

La loi de 1957 sur la propriété intellectuelle interdit expressément la photocopie à usage collectif sans autorisation des ayants droit (seule la photocopie à usage privé du copiste est autorisée).
Nous rappelons donc que toute reproduction, partielle ou totale, du présent ouvrage est interdite sans autorisation de l'éditeur ou du Centre français d'exploitation du droit de copie (CFC, 3, rue Hautefeuille, 75006 Paris).

© 2007, PRESSES DE LA FONDATION NATIONALE DES SCIENCES POLITIQUES

Sommaire

Introduction

La campagne présidentielle de 2007 est marquée par une personnalisation particulièrement affirmée et par le rôle central joué par les sondages, relayés par les médias. Aussi n'est-il pas étonnant que le thème de la « démocratie d'opinion » soit revenu en force dans les commentaires. Les partis politiques, et notamment les deux principaux, l'Union pour un mouvement populaire (UMP) et le Parti socialiste (PS), ne sont apparus qu'en fond de décor, comme s'ils n'étaient pas – ou plus – des acteurs de premier plan dans le duel entre Nicolas Sarkozy et Ségolène Royal. Il ne fait pas de doute que l'élection présidentielle s'est transformée au fil du temps et que celle de 2007 a introduit son lot de modifications. Pour autant, il serait faux de croire que les partis politiques ne jouent dans cette consultation qu'un rôle secondaire.

Notre thèse, apparemment paradoxale, est que le rôle des partis dans les élections présidentielles n'a fait que s'accroître au cours de la Cinquième République, même s'il – ou parce qu'il – s'est considérablement transformé. Les deux principaux candidats, Ségolène Royal et Nicolas Sarkozy, ceux qui ont les plus grandes chances de parvenir au second tour de l'élection présidentielle, sont issus et ont été désignés par les deux principaux partis français. En effet, l'UMP et le PS ont su se transformer pour s'adapter à la donne institutionnelle qui fait de l'élection présidentielle l'élection centrale dans le fonctionnement du système politique. En retour, cette capacité à s'adapter leur a permis de devenir les deux partis dominants. Ces « grands partis » qui dominent à l'échelle législative et tentent de contrôler l'élection présidentielle sont-ils différents des autres ? Et plus largement, en quoi leur comparaison permet-elle de comprendre les transformations en cours dans le système politique français ? Telles sont les questions qui vont nous servir de fil conducteur. Commencer à y répondre exige de cerner les dynamiques du système partisan français, du PS et de l'UMP en tant qu'organisations, mais également celles de l'offre politique que ces partis contribuent à fabriquer.

Le système politique français est marqué par le caractère hybride des institutions de la Cinquième République, mêlant logique présidentielle et parlementaire, et par une fragmentation historique du système partisan. À des rythmes différents, des transformations, à gauche et à droite, ont conduit à la double domination du PS et de l'UMP. Quels sont les ressorts de cette domination établie, quoique menacée par le Front national (FN) et peut-être, plus récemment, par l'Union pour la démocratie française (UDF) ? Elle résulte de leur capacité à s'imposer dans leur camp, à trouver des alliés, à se placer au cœur des coalitions et à y prendre l'ascendant. Mais elle tient également à leur effort d'adaptation à l'élection présidentielle puis de contrôle de celle-ci. Ne doit-on pas alors mettre sérieusement à l'épreuve l'hypothèse d'une évolution du système de partis vers un bipartisme imparfait ?

Au niveau des organisations, quels seraient alors les effets de cette éventuelle tendance au bipartisme ? Ces deux partis obéissent-ils à des dynamiques organisationnelles de même nature ? L'homologie de position les conduit-elle à une forme de convergence ? Les deux partis ont évolué sous la pression des facteurs et des changements institutionnels, et particulièrement de l'importance croissante de l'élection présidentielle. En élaborant des modalités de désignation de leurs candidats par leurs adhérents, ils ont introduit un dispositif, celui qu'on appelle de manière abusive si l'on a en tête le modèle américain, de primaires, jusqu'ici étranger au système politique français. En engageant des opérations massives et électroniques de recrutement de nouveaux adhérents, ils se sont impliqués dans un mouvement de mutation du lien d'adhésion. Les deux dynamiques sont indissociables et ont mêlé un effort de démocratisation interne, si l'on désigne par ce terme le fait de donner du pouvoir aux adhérents, et une tendance à la valorisation des électeurs, visible à travers l'usage des sondages. La transformation passe, comme souvent, par l'hybridation : entre contrôle (par les membres) et perméabilité (aux électeurs).

Enfin, l'homologie de position dans le système partisan et la convergence imparfaite des organisations débouchent-elles sur un même type d'offre politique ? Comment s'établissent les relations des candidats avec leurs partis respectifs ? Ségolène Royal et Nicolas Sarkozy incarnent-ils le même type d'autorité politique ? Selon quel processus se réalise l'ajustement entre les programmes des partis et les discours et propositions des candidats ? Entre légitimité partisane et légitimité extra-partisane, assise sur des sondages favorables, entre maîtrise et contournement du parti, la relation de chacun des candidats à son parti n'est pas la même. Par ailleurs, la campagne fournit son lot de chassés-croisés thématiques, d'écarts personnels et d'incursions sur le terrain de l'adversaire. Aussi, la tendance au bipartisme, qui d'une certaine manière accentue les antagonismes, n'opérerait-elle pas en même temps un certain brouillage des clivages ?

Chapitre 1

La dynamique *du système partisan*

Afin de saisir les transformations du PS et de l'UMP, il est nécessaire de commencer notre analyse en considérant la place qu'ils occupent dans le système partisan. Selon la définition la plus simple, le système partisan est l'ensemble des relations et des interactions qui se nouent entre les partis dans un système politique donné. La notion renvoie d'abord à l'idée que les relations entre les partis sont structurées et interdépendantes. En effet, si les partis font système, c'est qu'il existe entre eux des liens d'interdépendance. Par conséquent, la modification d'un élément du système en affecte l'ensemble. La notion implique également l'idée que tous les partis n'occupent pas la même place : il existe des positions différentes qui supposent des relations spécifiques avec les autres. Deux principaux critères pour qualifier et comparer les systèmes partisans sont généralement pris en compte : le nombre de partis et le type de relations qu'ils entretiennent les uns avec les autres. S'agissant du premier critère, on a coutume d'opposer, de manière assez simplifiée, le bipartisme et le multipartisme. Quant au deuxième critère retenu, les relations interpartisanes, elles sont généralement appréhendées à partir de la question des coalitions. La distinction entre bipartisme et multipartisme, qui semble aller de soi, apparaît à l'examen bien moins évidente qu'il n'y paraît dans la mesure où le bipartisme, entendu comme un système ne comportant que deux partis politiques, n'existe pas à proprement parler. Au Royaume-Uni, d'autres partis que les partis conservateur et travailliste interviennent dans la compétition électorale ; aux États-Unis, la réalité du bipartisme à l'échelle fédérale masque une variété de formes organisationnelles à l'échelle des États. Autrement dit, le simple critère du nombre de partis n'est pas véritablement pertinent. S'agissant du deuxième critère, celui portant sur les relations entre partis, Giovanni Sartori[1] a souligné l'importance de la possibilité (ou de la volonté) de construire ou de participer à une coalition. Cet enjeu concerne les systèmes formés par plusieurs partis, car dans un système strictement bipartisan, les deux partis sont, par construction, en concurrence directe et la compétition prend la forme d'un jeu à somme nulle : ce que gagne l'un, l'autre le perd. Dans les autres cas, les partis entretiennent entre eux des relations où se mêlent compétition et coopération. Bien évidemment, les partis sont tous en compétition. Intégrer un parti dans une alliance, c'est à la fois élargir sa coalition pour gagner et parier sur l'affaiblissement de son allié. Par exemple, la stratégie d'union de la gauche, de 1972 à 1977, n'a aucunement réduit les fortes relations de concurrence entre socialistes et communistes et relevait bien de ce calcul.

La question des alliances a été érigée en critère de distinction des partis dans la mesure où certains partis sont au cœur des systèmes d'alliances, d'autres n'y entrent pas. Des différences institutionnelles et idéologiques sont au fondement de cette capacité à nouer des alliances. Parmi les contraintes institutionnelles, les règles du jeu, autrement dit les modes de scrutin, sont des variables essentielles. Mais des contraintes idéologiques interviennent également, en particulier, la distance idéologique entre les partis et ce que l'on appelle le degré de polarisation du système partisan. Dès lors, certains partis se placent ou sont placés en dehors du jeu des coalitions. En France, le FN, la Ligue communiste révolutionnaire (LCR) ou Lutte ouvrière (LO) entrent dans ce cas : la notion de « parti anti-système » a été forgée pour ce type de partis par Giovanni Sartori, qui soulignait bien que cette notion ne devait pas être utilisée pour classer, une fois pour toutes, une organisation. En effet, il ne s'agit pas de considérer qu'une organisation est, par essence et pour toujours, un parti anti-système, mais seulement

---

1. *Giovanni Sartori*, Parties and Party Systems. A Framework for Analysis, *Cambridge, Cambridge University Press, 1976.*

d'utiliser cette notion comme un outil pour appréhender la position de ce parti à un moment donné et les tensions que cette position engendre et dont témoignent, par exemple, les débats internes sur la construction de coalitions, sur le choix des alliés, sur la participation au gouvernement, etc. Dans l'histoire d'un parti « anti-système », il est alors important de repérer les moments où la question des alliances et de la participation à des coalitions gouvernementales fait débat, génère des tensions et, le cas échéant, provoque des scissions.

Dans un système partisan donné, on peut considérer qu'il existe une tendance au bipartisme lorsque de fortes dynamiques conduisent à l'existence de deux partis qui dominent leur camp et qui sont au cœur des systèmes d'alliances. Ils apparaissent alors comme les seuls à pouvoir rivaliser dans la construction d'une majorité parlementaire et dans la conquête du pouvoir exécutif. Nous testerons cette hypothèse en présentant d'abord les logiques institutionnelles qui ont façonné le système partisan de la Cinquième République, puis en examinant les éléments pouvant confirmer ou infirmer cette thèse d'un mouvement vers une forme imparfaite de bipartisme.

L'impact des logiques institutionnelles

Les conduites des acteurs politiques, et singulièrement celles des acteurs partisans, sont fortement influencées par le cadre institutionnel dans lequel se déroule leur action, qui leur impose des contraintes et leur offre des opportunités en leur fournissant un cadre d'anticipation de leur action. Dans le cas des institutions de la Cinquième République, leur caractère mixte ou hybride a façonné des logiques et des injonctions diverses, si ce n'est parfois contradictoires, qui ont pesé sur le système des partis et son évolution[2]. Il explique, en partie, le fait que ce système se soit transformé. Le système est mouvant car hybride,

---

2. *Christine Pütz, « La présidentialisation des partis français », dans Florence Haegel (dir.),* Partis politiques et système partisan en France, *Paris, Presses de Sciences Po, 2007, p. 321-357.*

sujet à des évolutions et des interprétations diverses. Ces dynamiques se sont développées selon des séquences chronologiques : de 1969 à 1981, un système d'alliances sur fond de bipolarisation a été mis en place ; à partir de 1981, l'enjeu a porté sur la domination d'un parti dans chacun des camps respectifs sur fond de contrôle de l'élection présidentielle. Après avoir rappelé les éléments qui permettent d'établir que les institutions françaises relèvent bien d'une forme hybride, nous considérerons les logiques institutionnelles qui ont travaillé le système partisan : logiques de construction d'alliances, établissement d'une domination dans chacun des camps, et importance du contrôle de l'élection présidentielle.

Des institutions hybrides

Le système de partis français n'a cessé de se transformer depuis la fondation de la Cinquième République. Pour comprendre sa dynamique, il faut remonter à cette période fondatrice et au caractère mixte des institutions mises en place entre 1958 et 1962. Les institutions de 1958 ont, en effet, été le résultat d'un compromis entre le général de Gaulle, partisan d'un régime assurant la primauté du pouvoir exécutif, et la plupart des partis issus de la Quatrième République, attachés au régime parlementaire et surtout hostiles au présidentialisme qui, dans la tradition républicaine, renvoie au bonapartisme. Au cours des années 1960, à la suite de la révision constitutionnelle, les deux conceptions, présidentialiste et parlementariste, se sont violemment affrontées. Le général de Gaulle, dont l'hostilité au « régime des partis » et à la prééminence du Parlement était ancienne et profonde, orienta le régime vers une forme plébiscitaire, utilisant la voie du référendum à plusieurs reprises, et mettant alors en jeu sa responsabilité politique. De leur côté, les partis tentèrent à trois reprises d'empêcher cette évolution du régime. D'abord en 1962, ils firent campagne pour le « non » au référendum sur l'élection du président de la République au suffrage universel. Puis ils formèrent l'alliance des « républicains » contre le « pouvoir personnel », lors de l'élection présidentielle de 1965. Et enfin, après la démission du général de Gaulle intervenue à la suite de son échec au référendum, lors de l'élection présidentielle de 1969, ils tentèrent de nouveau d'organiser l'affrontement politique autour de la question du régime.

L'année 1969 marque la fin de cette première période et le double échec des stratégies qui s'affrontaient jusque-là. En effet, la démission du général de Gaulle signifiait la fin de la Cinquième République plébiscitaire, antipartisane et antimajoritaire. Symétriquement, les échecs répétés des partis hostiles au nouveau régime signaient la défaite de la stratégie d'opposition frontale aux nouvelles institutions, à la primauté du président de la République et, partant, au caractère central de l'élection présidentielle. La révision de 1962 avait, quoi qu'il en soit, bousculé l'équilibre en renforçant la prééminence de la présidence de la République au sein du pouvoir exécutif. Elle avait fait du Premier ministre le premier des ministres du président et non le véritable chef du gouvernement, excepté pendant les périodes de cohabitation où l'exercice du pouvoir exécutif ressemble davantage à ce qu'il est dans les régimes parlementaires[3]. La Cinquième République a créé ce que les constitutionnalistes ont défini comme un régime mixte, à la fois prési-dentiel et parlementaire. Le président, élu au suffrage universel, ne peut être démis par l'Assemblée nationale. Mais celle-ci peut renverser le gouvernement dont le chef – le Premier ministre – est désigné par le président. L'élection présidentielle occupe une place centrale dans le fonctionnement du régime, mais un président sans majorité parlementaire voit son pouvoir fortement diminué, comme l'ont montré les périodes de cohabitation.

La constitution d'alliances concurrentielles

La constitution des alliances se révèle un élément central pour saisir les dynamiques d'un système partisan. Dans le cas

---

3. *Gérard Grunberg, « L'adaptation du système de partis (1965-2006) », dans Pepper D. Culpepper, Peter A. Hall et Bruno Palier (dir.),* La France en mutation. 1980-2005, *Paris, Presses de Sciences Po, 2006, p. 449-476.*

français, elle permet de comprendre l'évolution du système après 1969. Les stratégies engagées par Georges Pompidou, à droite, et François Mitterrand, à gauche, traduisent leur conscience de la nécessaire articulation entre la logique présidentielle et la logique parlementaire ; l'un comme l'autre ont misé sur le rôle que les partis devaient y jouer. La construction de majorités parlementaires passe par la constitution d'un système de partis bipolarisé dans lequel une alliance des partis de droite s'oppose à une alliance des partis de gauche. Désormais, la lutte politique opposait gauche et droite, majorité et opposition, au sein de la Cinquième République, et non plus partisans et adversaires de ce régime. Pour y parvenir, Georges Pompidou devait « partisaniser » la droite gaulliste tandis que François Mitterrand devait « présidentialiser » le Parti socialiste. À l'occasion des élections législatives de 1973 s'esquissa un premier rassemblement électoral et parlementaire de la droite autour du parti gaulliste, l'Union des démocrates pour la République (UDR). Ces élections marquèrent également l'échec du centre et furent, jusqu'à la récente tentative de François Bayrou, la dernière tentative de celui-ci pour empêcher que la bipolarisation ne s'établisse autour du clivage gauche-droite.

À gauche, la logique de la bipolarisation exigeait de réintégrer le Parti communiste français (PCF) dans le jeu politique institutionnel. Il fallait aussi que la gauche non communiste s'unifie pour assurer sa primauté sur l'ensemble de la gauche, condition nécessaire à sa victoire. Il fallait enfin que les socialistes et les communistes acceptent de s'allier pour gouverner, ce qui n'allait de soi ni d'un côté ni de l'autre. En 1971, François Mitterrand prit le contrôle du Parti socialiste et le refonda avec pour objectif central d'en faire un véritable parti de gouvernement. Cet événement décisif signifiait que les socialistes, en se donnant comme leader un homme qui tirait sa légitimité du combat électoral de 1965, reconnaissaient, au moins tacitement, que l'élection présidentielle était bien l'échéance électorale majeure. En rassemblant, en 1965, la gauche sur son nom et en obtenant 45 % des suffrages exprimés contre le général de Gaulle au second tour de l'élection présidentielle, François Mitterrand avait, en effet, pris une sérieuse option sur la conquête de la domination de son camp. Il tira un avantage indirect mais décisif des résultats de l'élection présidentielle de 1969. En effet, empêché par ses rivaux de la gauche non communiste et par les communistes d'être de nouveau le candidat unique de la gauche à cette élection, il profita du désastre électoral subi au premier tour par le candidat des socialistes SFIO et des radicaux, Gaston Defferre (5 %), et de l'échec du candidat centriste soutenu par les socialistes au second tour, Alain Poher, pour se remettre en selle après son échec politique de 1968.

Les relations entre partis mêlent le plus souvent coopération et concurrence. La constitution d'alliances électorales et parlementaires, à gauche et à droite, n'empêcha pas l'existence d'une forte concurrence au sein de l'un et de l'autre camp. La période 1974-1981 fut celle où se joua la première phase de la concurrence pour la domination à gauche comme à droite. À partir de l'automne 1974, les communistes, craignant que le Parti socialiste, dont ils avaient soutenu le candidat dès le premier tour de l'élection présidentielle, ne devienne la plus puissante formation de gauche, décidèrent de combattre leur allié d'hier. À droite, Jacques Chirac, après avoir, contre son propre parti, contribué à l'élection de Valéry Giscard d'Estaing en 1974 et avoir été nommé par celui-ci Premier ministre, prit le contrôle du parti gaulliste et décida de rétablir la prééminence gaulliste sur la droite parlementaire. Il lui fallut donc affronter directement le président, d'où sa démission de son poste de Premier ministre en 1976. La seule manière possible, pour les communistes et les gaullistes, d'empêcher leurs alliés-concurrents respectifs de s'assurer la dominaton de leur camp fut alors de leur faire perdre les élections : aux élections législatives de 1978, les communistes provoquèrent la défaite de la gauche ; à l'élection présidentielle de 1981, Jacques Chirac empêcha la réélection de Valéry Giscard d'Estaing.

L'élection présidentielle de 1981 a constitué une date charnière dans l'évolution du système de partis, et plus largement dans celle du système politique français. L'élection de François Mitterrand eut cinq conséquences fondamentales : la première alternance confortait le fonctionnement bipolaire du système. Cette alternance, effectuée au bénéfice du Parti socialiste et accompagnée du fort recul du PCF, assurait la domination socialiste sur la gauche. L'arrivée au pouvoir du Parti socialiste par une victoire obtenue à l'occasion d'une élection présidentielle accentuait nettement le caractère présidentiel de ce parti. La défaite de Valéry Giscard d'Estaing assurait, sinon encore la domination du parti gaulliste, au moins le rétablissement de sa prééminence à droite. Enfin et surtout, l'alternance s'effectuait à l'occasion d'une élection présidentielle. Désormais, les socialistes, comme les gaullistes, reconnaissaient le caractère central de cette consultation dans le fonctionnement des institutions.

Tout au long de cette période, le parti se réclamant du gaullisme, le Rassemblement pour la République (RPR) depuis 1976, tenta d'assurer son avantage sur l'UDF à l'élection présidentielle. Ce combat fut dur et longtemps indécis. En 1988 et en 1995, Jacques Chirac dut affronter au premier tour deux candidats de poids soutenus par l'UDF, deux anciens Premiers ministres, Raymond Barre puis Édouard Balladur. Seule son élection en 1995 fit pencher durablement la balance en faveur du RPR, qui rétablissait ainsi sa position dominante à droite au niveau présidentiel. Mais, au niveau parlementaire, la domination du RPR n'était pas pleinement assurée. Certes, ce parti l'emportait sur l'UDF en nombre de sièges à chaque scrutin législatif. Mais son avance n'était pas considérable et la majorité parlementaire RPR-UDF connaissait régulièrement des tensions. Cependant, dans la période précédant les élections de 2002, la domination du RPR fut renforcée par l'éclatement du parti rival, l'UDF, avec le départ d'Alain Madelin et de Démocratie libérale (DL), et celui de Charles Millon, qui créa La Droite. L'UDF, réduite mais plus homogène et regroupée derrière un véritable leader centriste, François Bayrou, entama alors un processus d'autonomisation par rapport au RPR. À la veille de l'élection présidentielle de 2002, l'affaiblissement du président sortant était net et la domination du RPR sur la droite semblait remise en question. Cette élection changea radicalement la situation, et, de même que l'élection présidentielle de 1981 avait établi la domination du PS sur la gauche, celle de 2002 assura la domination de l'UMP sur la droite et eut pour conséquence de transformer profondément le système de partis. La création de l'UMP doit être de ce point de vue considérée comme un changement important dans le système de partis français, motivée par la volonté de connecter les logiques parlementaire et présidentielle, partiellement indépendantes au sein de la droite française[4]. Si le système de coalition fonctionnait depuis longtemps lors des élections législatives, la concurrence des deux partis aux élections présidentielles était risquée, à la fois pour le RPR et pour la droite elle-même. Ce projet de créer un grand parti de la droite de gouvernement rassemblant les différentes tendances de celle-ci aurait probablement eu aussi peu de chances d'aboutir que les précédentes tentatives, les appareils partisans étant, comme toujours, opposés à leur propre disparition, sans les conditions favorables que constituèrent la réélection assurée de Jacques Chirac à l'issue du premier tour et les faibles scores de François Bayrou et d'Alain Madelin. L'UMP, créée entre la présidentielle et les législatives, obtint à ces élections 33 % des suffrages exprimés contre 5 % pour l'UDF, soit 369 élus contre seulement 29. Avec 80 % des sièges de la droite modérée, alors qu'en 1993 et 1997 elle n'en obtenait qu'un peu plus de la moitié, elle se trouvait donc en position d'hégémonie parlementaire et n'avait plus besoin de l'apport de l'UDF. En dépit du maintien d'une UDF réduite, engagée dans une stratégie d'autonomie de plus en plus affirmée, la création de l'UMP marque donc bien l'aboutissement de la domination de l'ex-RPR sur la droite. Cette domination se manifeste en termes de *leadership*, puisque Nicolas Sarkozy succède en novembre 2004 à Alain Juppé à la tête de l'UMP, et en termes d'adhérents, puisque les membres de l'UMP issus du RPR sont très largement majoritaires. Même si la position de l'ex-RPR est moins hégémonique au sein du groupe parlementaire, ce dernier se trouve

---

4. *Florence Haegel, « Faire l'union : la refondation des partis de droite après les élections de 2002 »,* Revue française de science politique, *52 (5-6), octobre-décembre 2002, p. 561-576.*

également composé en majorité de députés qui, jusqu'en 2002, étaient élus sous cette étiquette.

Dans les deux cas, à gauche comme à droite, l'élection présidentielle a constitué un élément essentiel dans le développement des dynamiques du système partisan : ces élections ont été des moments décisifs dans l'inflexion des relations entre partis ; un succès présidentiel, voire une candidature présidentielle « réussie », ont constitué des ressources cruciales pour assurer la domination dans son camp.

—— Vers un bipartisme ?

Le système partisan français s'achemine-t-il vers une forme dérivée du bipartisme ? La thèse mérite d'être mise à l'épreuve dans la mesure où le renforcement de la domination des deux grands partis soulève la question d'une transformation du système de partis et de la spécificité même de la position du PS et de l'UMP dans ce système. La tendance au bipartisme ne suppose pas automatiquement la réduction du nombre de partis, ni même nécessairement la marginalisation électorale des partis non dominants. Dans le cas français, la fragmentation du système demeure d'ailleurs forte, et, même si elle ne traduit pas toujours des différences sociales ou idéologiques justifiant l'existence d'un si grand nombre de partis[5], on peut parier qu'elle le restera. Parler de tendance à la bipolarisation induit le fait que l'on considère que le PS et l'UMP, confrontés à cette situation nouvelle que constitue leur domination, seraient conduits à se donner les moyens de contrôler davantage encore le processus de l'élection présidentielle. En poursuivant et en accroissant leur présidentialisation, ils monopoliseraient le pouvoir aux deux niveaux présidentiel et parlementaire. Dès lors, ils se différencieraient de plus en plus des autres partis,

---

5. *Jean Chiche, Florence Haegel et Vincent Tiberj, « La fragmentation partisane », dans Gérard Grunberg, Nonna Mayer et Paul M. Sniderman,* La Démocratie à l'épreuve, *Paris, Presses de Sciences Po, 2002, p. 203-237.*

changeant ainsi de nature. Dans cette perspective, la tendance au bipartisme signifierait donc que les deux partis contrôlent à eux deux le système politique, et qu'ils peuvent pour l'essentiel se passer d'accords et d'alliances avec d'autres partis, ou les passer à leurs conditions. Il s'agirait dans ce cas d'une tendance à l'américanisation partielle du système politique français, tant du point de vue de l'importance de l'élection présidentielle que de son caractère largement bipartisan. Tester cette thèse suppose à la fois d'avancer des arguments en sa faveur mais aussi de soulever les éléments qui la contredisent.

Le PS et l'UMP comme partis dominants

L'établissement de la double domination présidentielle et parlementaire du PS et de l'UMP et le fait qu'ils tentent d'établir une forme de contrôle sur la compétition présidentielle constituent des éléments attestant une tendance au bipartisme. La période 1981-2002 a été celle de l'instauration d'un système multipartisan bipolarisé avec deux partis dominants[6]. Qu'entendons-nous par parti dominant ? Dans un système de partis bipolarisé, le parti dominant est celui qui, au cours d'une période relativement longue – ici depuis 1981 –, est le seul dans son camp à pouvoir faire élire l'un des siens président de la République, à pouvoir constituer et diriger une majorité à l'Assemblée nationale (majorité absolue ou relative, en situation de cohabitation ou en situation hors cohabitation) et à diriger un gouvernement (en cohabitation ou hors cohabitation). Pour évaluer cette position de domination, on se référera, à ce stade, non pas aux voix obtenues lors des élections mais aux positions de pouvoir occupées et aux sièges conquis lors des élections législatives. S'agissant des positions occupées (tableau 1), depuis l'alternance de 1981, le PS et le RPR puis l'UMP ont établi une forme de monopole sur les principaux postes exécutifs et sur la direction des majorités parlementaires.

---

6. *Olivier Duhamel et Gérard Grunberg, « Les partis et la Cinquième République : post-scriptum »,* Commentaire, *25 (99), automne 2002, p. 601-607.*

Tableau 1
Les deux partis dominants (1981-2007)

	Parti socialiste	RPR puis UMP
Président de la République	François Mitterrand (1981-1995)	Jacques Chirac (1995-2007)
Premier ministre	Pierre Mauroy (1981-1984) Laurent Fabius (1984-1986) Michel Rocard (1988-1991) Édith Cresson (1991-1992) Pierre Bérégovoy (1992-1993) Lionel Jospin (1997-2002)	Jacques Chirac (1986-1988) Édouard Balladur (1993-1995) Alain Juppé (1995-1997) Jean-Pierre Raffarin (2002-2005) Dominique de Villepin (2005-2007)
Majorité absolue ou relative à l'Assemblée nationale	1981-1986 1988-1993 1997-2002	1986-1988 1993-1997 2002-2007

L'examen de la domination parlementaire permet de constater une asymétrie entre la gauche et la droite (tableau 2). À gauche, la domination parlementaire socialiste est établie dès 1981. L'implantation électorale du PS dans les circonscriptions lui a permis d'arriver en tête de la gauche aux élections législatives dans une écrasante proportion des circonscriptions. La règle des 12,5 % des inscrits nécessaires pour pouvoir se présenter au second tour de scrutin et l'ensemble de ces accords partisans permettent aux candidats socialistes de représenter la gauche au second tour dans la plupart des circonscriptions. En dehors du parti communiste, qui dans cette période dispose encore de quelques fiefs électoraux, les autres partis de gauche ne sont arrivés en tête que dans un nombre très faible de circonscriptions. Les candidats d'extrême gauche n'y sont jamais parvenus, et les écologistes n'y sont pas parvenus dans la période qui a précédé leur ralliement à la gauche et leur alliance avec les socialistes après l'élection présidentielle de 1995. Ainsi, en 1993, avec 7,8 % des suffrages, les écologistes n'avaient pu se maintenir au second tour que dans deux circonscriptions, et leurs deux candidats avaient été battus au second tour. Aux élections de 1997, les Verts ont pu gagner huit sièges, le Parti socialiste ayant accepté de leur « lotir » un certain nombre de circonscriptions, c'est-à-dire de ne pas y présenter de candidat au premier tour. En 2002, ils n'ont pu sauver que trois sièges dans les mêmes conditions, dans un moment de repli de la gauche. Les socialistes et les radicaux ont également passé des accords qui permettent à ces derniers de conserver les quelques sièges qu'ils détiennent, les socialistes n'y présentant pas de candidats. On retrouve la même configuration, en 1997, pour les « chevènementistes ». Quant aux communistes, s'ils veulent avoir des chances de conserver un groupe parlementaire à l'Assemblée nationale, ils doivent s'entendre avec le Parti socialiste pour que soit appliquée la « discipline républicaine », c'est-à-dire des désistements réciproques en faveur des candidats arrivés en tête de la gauche au premier tour.

Tableau 2

Effectifs des groupes parlementaires
à l'issue des scrutins législatifs (1981-2002)

	1981	1986	1988	1993	1997	2002
PCF	44	35	25	23	36	21
PS	285	212	275	57	250	141
Radical-Citoyen-Verts (RCV)	-	-	-	-	33	-
Union du centre	-	-	40	-	-	-
UDF	63	131	90	215	113	29
RPR-UMP	88	155	132	257	140	365
FN	-	35	-	-	-	-
Non inscrits	11	9	15	25	5	21
Total	491	577	577	577	577	577
% PS + RPR-UMP	76 %	64 %	71 %	54 %	68 %	88 %

Au sein de la droite, nous l'avons déjà signalé, la domination a été plus difficile à établir, seule la constitution de l'UMP en 2002 a permis de creuser largement l'écart avec l'UDF qui, depuis 1981, maintenait sa force parlementaire. En effet, depuis 1981, dans de nombreux cas, des candidatures uniques de premier tour étaient négociées. Ces négociations ont eu pour effet de maintenir en l'état le rapport de force puisqu'elles se fondaient principalement sur deux principes : la prime au sortant et ce que l'on désignait comme le droit de suite. Ce dernier principe s'appliquait quand le député sortant ne se représentait pas et établissait la règle selon laquelle sa circonscription demeurait dans l'escarcelle du parti qui la détenait jusqu'alors. En 2002, la domination parlementaire de l'UMP a été obtenue grâce au ralliement des députés sortants DL et d'une partie de l'UDF. La pression, à la fois politique, puisque la présidentielle venait d'être gagnée, et financière, puisque le ralliement était parfois obtenu par des aides financières, s'est exercée de manière forte sur ces parlementaires pour qu'ils s'engagent à s'inscrire dans un groupe parlementaire unique. Il n'en demeure pas moins vrai que la domination aurait pu être encore plus nette si des primaires UMP-UDF n'avaient pas été volontairement évitées dans certaines circonscriptions. En effet, une partie significative des parlementaires UDF ont été élus alors qu'ils n'ont pas eu à affronter de concurrents de l'UMP. L'enjeu que vont constituer les élections législatives de 2007 apparaît, de ce point de vue, décisif. Devant la stratégie d'opposition de l'UDF durant la mandature, beaucoup à l'UMP regrettaient que n'ait pas été établie une domination parlementaire plus nette en présentant systématiquement des candidats UMP dans les circonscriptions tenues par l'UDF. En réalité, comme en 2002, quand Alain Juppé avait préféré adopter une position de négociation avec l'UDF, Nicolas Sarkozy a, pour l'instant, opté pour la solution consistant à ne pas présenter de candidat UMP dans la plupart des circonscriptions détenues par un élu sortant UDF (font exception les circonscriptions où le député s'était d'abord rallié à l'UMP pour finalement retourner à l'UDF une fois élu). Cette position conciliatrice, qui laisse cependant ouvertes plusieurs options en fonction du résultat de l'élection présidentielle, peut surprendre face à une formation dont le leader n'a pas mâché ses mots et dont le groupe parlementaire s'est, à plusieurs reprises, opposé au gouvernement. Elle témoigne de la crainte des dirigeants de l'UMP de donner corps à l'image d'un parti dominateur et autoritaire, mais elle repose également sur l'établissement de relations personnelles de dépendance avec un certain nombre de députés UDF : « Nous sommes bien conscients que nous ne sommes pas payés de retour par les dirigeants du parti de François Bayrou. Mais pris individuellement, les députés centristes sont très réceptifs, et nous le font savoir », déclarait Alain Marleix, secrétaire national aux élections de l'UMP[7], indiquant à la fois le type de relations qu'il souhaitait établir avec les députés UDF et les bénéfices que l'UMP pourrait en tirer si la stratégie présidentielle de François Bayrou échouait.

La domination parlementaire de l'UMP et du PS leur assure une prospérité financière qui participe évidemment au maintien de leur position dominante. En effet, la dotation publique est essentiellement attribuée aux partis en fonction du nombre d'élus, complété par le critère du nombre de voix. Dès lors, les deux partis dominants se partagent l'essentiel de la dotation publique. Toutefois, ce constat ne conduit pas pour autant à valider la thèse de la cartellisation[8], qui accorde une grande importance aux conséquences du financement public des partis sur la réduction de la compétition politique. D'abord, il n'est pas évident que le financement public ait radicalement accéléré la prospérité des partis dominants. Certes, ils bénéficient de la majeure partie de la dotation publique, mais avant l'introduction de ce dispositif, du temps où les dons de personnes morales aux partis politiques étaient autorisés, ces partis concentraient déjà le financement privé[9]. Ensuite, on peut mettre en cause le lien établi entre acquisition d'une position dominante dans son camp et réduction de la compétition.

---

7. Le Figaro, *26 décembre 2006.*

8. *Richard Katz et Peter Mair, « Changing Models of Party Organization and Party Democracy »,* Party Politics, *1 (1), 1995, p. 5-28.*

9. *François Abel et Nicolas Sauger, « Groupes d'intérêt et financement de la vie politique en France. Une évaluation des effets de l'interdiction des dons de personnes morales »,* Revue française de science politique, *56 (2), avril 2006, p. 227-254.*

Le contrôle de l'élection présidentielle

Un autre élément allant dans le sens d'une forme de bipartisme, entendu comme l'affirmation d'une domination du PS et de l'UMP, peut être trouvé dans le contrôle que ces partis tentent d'établir sur l'élection présidentielle. La présidentialisation des systèmes politiques démocratiques est une tendance qui concerne tous les régimes, qu'ils soient parlementaires, présidentiels ou mixtes. Déjà, en 1971, Brian Farell[10] observait que « dans presque tous les systèmes politiques, la domination du pouvoir exécutif et la personnification de cette domination dans un seul leader étaient devenues un fait central de la vie politique ». Pour Thomas Poguntke et Paul Webb[11], le processus de présidentialisation des régimes s'effectue sans changer nécessairement leur structure formelle, notamment institutionnelle. Il en découle une forte personnalisation du processus électoral. Cette présidentialisation croissante de tous les régimes affecte les trois arènes du gouvernement démocra-tique : l'exécutif, le parti et les élections. Du point de vue électoral, notamment, un accent grandissant est mis sur la personnalité du leader candidat. Ce processus s'effectue cependant plus facilement lorsqu'il s'agit d'un régime présidentiel ou semi-présidentiel, qui offre au chef de l'exécutif davantage de ressources tout en lui donnant une plus large autonomie par rapport aux partis politiques et d'abord par rapport au sien.

Le développement des deux partis dominants en France résulte d'abord, nous l'avons déjà indiqué, de leur adaptation réussie à la présidentialisation du régime et, partant, à la primauté de l'élection présidentielle. Or, la réforme institutionnelle fixant à cinq ans la durée du mandat présidentiel a, à elle seule, renforcé potentiellement l'importance de l'institution

---

10. *Brian Farell,* Chairman or Chief ? The Role of the Taoiseach in Irish Government, *Dublin, Gill and MacMillan, 1971.*

11. *Thomas Poguntke et Paul Webb (eds),* The Presidentialization of Politics : A Comparative Study of Modern Democracies, *Oxford, Oxford University Press, 2005.*

présidentielle dans le fonctionnement du système politique français. Au regard du vieux débat, jamais clos depuis 1958, à propos des deux conceptions possibles du rôle du président de la République, arbitre ou véritable chef de l'exécutif, la réduction de la durée du mandat joue au profit de la seconde option. En outre, le hasard a fait que l'élection présidentielle et les élections législatives ont toutes deux eu lieu en 2002, et que le calendrier initial plaçait ces dernières avant la première. Lionel Jospin, en faisant inverser le calendrier, a placé en premier l'élection présidentielle, les élections législatives devant avoir lieu dans la foulée. Ainsi, désormais, sauf accident toujours possible, le cycle électoral des élections nationales décisives débute par l'élection présidentielle. Celle-ci désigne le chef de l'exécutif qui, quelques semaines après, demande aux Français de lui donner une majorité au Parlement, comme ce fut déjà le cas par le passé en 1981, 1988 et 2002. En cas de succès, le président devient le chef d'un « gouvernement présidentiel ». Il est indéniable que l'ensemble de ces réformes va dans le sens d'un renforcement des pouvoirs du président, d'autant que les situations de cohabitation deviennent beaucoup moins probables. Elles vont donc aussi dans le sens d'un renforcement de l'importance de l'élection présidentielle et, partant, des deux partis présidentiels.

Une autre inflexion peut être trouvée dans l'instauration d'une tentative de contrôle accru des partis sur la sélection du candidat présidentiel. Contre le projet du fondateur de la Cinquième République, l'élection présidentielle est bien progressivement devenue un suffrage partisan. Pour preuve, tous les présidents de la Cinquième République ont accédé à leurs fonctions parce que leur candidature était soutenue par un des partis représentés au Parlement. Plus encore, tous les candidats qui ont atteint le second tour du scrutin ont été soutenus par un parti parlementaire – à l'exception d'Alain Poher en 1969.

Dans cette logique, la plupart des partis français ont introduit dans leurs statuts – les uns plus vite que les autres – des règles pour sélectionner et désigner leur candidat à l'élection.

Le PS a été le premier, et finalement le moins réticent, à introduire cette règle. En 1995, les candidatures de Lionel Jospin et d'Henri Emmanuelli avaient été départagées au moyen d'un vote des adhérents ; en 2002, Lionel Jospin, en tant que Premier ministre, ne s'y est pas soumis, témoignant du fait que cette règle n'était pas encore vraiment établie. Au terme du congrès de Dijon, en 2003, la procédure électorale a été précisée : « Le(la) candidat(e) à la présidence de la République est désigné(e) à bulletin secret par l'ensemble des adhérents réunis en Assemblées générales de section. La majorité absolue des suffrages exprimés est requise pour être déclaré(e) élu(e) au premier tour. Seuls peuvent se présenter au deuxième tour – organisé dans les mêmes conditions que le premier – les deux candidat(e)s arrivé(e)s en tête au premier tour. Les candidatures sont enregistrées par le Conseil national ». En 2007, on constate un mouvement de formalisation des règles pour organiser la compétition. Alors que l'on a souvent insisté sur la reproduction dans les statuts de l'UDR puis du RPR des formes institutionnelles de la Cinquième République, on retrouve, cette fois, le phénomène de reproduction au PS, avec par exemple l'introduction d'une procédure de parrainage pour être candidat au sein du parti : pour se présenter à la candidature, il faut recueillir le soutien de 10 % des membres du Conseil national, soit environ 30 signatures.

À droite, les réticences à donner au cadre partisan une importance centrale sont visibles dans les atermoiements et les résistances. La première tentative a pris la forme du projet lancé par Charles Pasqua à partir de 1988, prévoyant la mise en place de « primaires à la française », c'est-à-dire la sélection d'un candidat commun par le vote d'un collège plus ou moins élargi d'élus, d'adhérents ou de sympathisants de droite. Ce projet s'est finalement heurté aux calculs et intérêts des deux formations concernées. L'UDF (soutenue d'ailleurs par Édouard Balladur) souhaitait une surreprésentation des élus pour assurer ses chances de gagner, le RPR préférait élargir la participation aux sympathisants, pariant sur sa capacité de mobilisation compte tenu de sa force militante. La deuxième occasion a été fournie par la création de l'UMP. La tentative est mort-née dans la mesure où si la création de l'UMP se justifiait bien par la volonté d'éviter les méfaits de la concurrence au premier tour de l'élection présidentielle, aucune procédure de sélection d'un candidat unique n'a cependant été prévue dans les statuts fondateurs. La troisième tentative fut la bonne. En effet, une fois élu à la présidence de l'UMP en novembre 2004, Nicolas Sarkozy s'est battu pour l'inscription de règles formelles dans les statuts. Les arguments, de part et d'autre au sein de l'UMP, étaient largement tactiques mais ils se fondaient aussi sur des visions antagoniques du rôle que les partis devaient ou ne devaient pas jouer dans l'élection présidentielle. La tradition gaulliste, défendue publiquement par Jean-Louis Debré, est que « l'élection présidentielle est une rencontre entre un homme et les Français, pas une affaire de partis politiques », la désignation du candidat par le parti étant selon lui « totalement contraire à la tradition de la Cinquième République ». Selon cette vision, mobilisée pour la circonstance par les chiraquiens, il n'était pas question que le parti, en l'occurrence l'UMP, désigne un candidat, fût-ce au moyen du vote de l'ensemble de ses adhérents. La formulation adoptée à la suite d'une négociation serrée fut la suivante : « L'ensemble des adhérents seront amenés à voter pour choisir le candidat soutenu par l'UMP à l'élection présidentielle » (décision du Bureau politique du 6 décembre 2005). Le candidat est « soutenu » et non pas « investi » par les adhérents. Le terme d'investiture aurait supposé un trop fort contrôle du parti. D'ailleurs, l'UMP, en tant que telle, se trouve sans armes disciplinaires contre des candidats se présentant éventuellement sans son soutien. En effet, selon la formulation adoptée, le candidat qui partirait seul à la bataille ne bénéficierait ni de l'argent, ni des capacités logistiques qu'offre l'organisation mais ne serait pas sanctionné par le parti. Toutefois, l'éventualité d'une candidature hors parti, envisagée et jugée légitime au départ par de nombreuses personnalités chiraquiennes, est progressivement apparue de plus en plus périlleuse et illégitime. Les candidats potentiels se sont progressivement retirés de la course : parmi les candidats qui s'étaient présentés à la présidence du parti contre Alain Juppé, en 2002, et contre Nicolas Sarkozy, en 2004, seul Nicolas Dupont-Aignan déclare vouloir se présenter en dehors du parti, mais il a finalement quitté l'UMP. Quant à Dominique de Villepin et Michèle Alliot-Marie, ils ont abandonné le projet. Cette évolution s'est accompagné d'une marginalisation croissante de la référence à la tradition gaulliste.

L'instauration de primaires partisanes fermées par les deux partis dominants constitue une mutation profonde du système politique français, à la fois par sa présidentialisation accentuée et par le contrôle bipartisan de l'élection présidentielle. La notion de « contrôle » peut évidemment être discutée dans la mesure où ces partis – nous le verrons par la suite – ont été obligés, pour pouvoir contrôler l'élection présidentielle, de mobiliser au-delà de leurs adhérents habituels et de se montrer perméables aux préférences des électeurs ou des sympathisants, mesurées par les sondages. Mais le processus, lancé depuis 1962, de présidentialisation des partis et de partisanisation de l'élection présidentielle est donc toujours en cours et s'accélère avec les primaires. Cela signifie que désormais, sauf cas particulier, notamment celui d'un président sortant qui serait dans une situation politique favorable et voudrait se présenter à un deuxième mandat – cas qui s'est produit plusieurs fois aux États-Unis –, les deux partis désigneront leur candidat au moyen de ce type de procédure. Cette évolution justifie que l'on parle d'une tendance à l'américanisation de l'élection présidentielle française. Cette américanisation est cependant incomplète pour trois raisons. La première est que, en France, ces primaires sont réservées aux adhérents des partis. La deuxième, liée à la première, est qu'aux États-Unis, le chef du parti n'a pas vocation à être candidat à l'élection présidentielle, autrement dit, que la conquête de la désignation ne passe pas par le contrôle direct du parti. La troisième raison est que le bipartisme est presque parfait aux États-Unis tandis que, dans le cas français, et dans un avenir prévisible, il ne s'agit que d'un processus en cours et dont l'irréversibilité n'est pas encore assurée. Il ne peut s'agir au mieux que d'un bipartisme très imparfait, c'est-à-dire que la fragmentation partisane est importante et durable. Du fait de cette fragmentation partisane, des primaires nationales bipartisanes seraient plus difficiles à mettre en place, sauf accord de l'ensemble des partis de gauche et de droite pour les organiser de manière bipolaire en les élargissant à la fois en direction des électeurs – c'est-à-dire que le vote ne se limiterait pas aux seuls adhérents – et en direction d'autres partis, en tentant de les associer à ces primaires, comme ce fut le cas pour la gauche italienne en 2005, à l'occasion des élections législatives. Encore faudrait-il que ces partenaires éventuels se prêtent à ce jeu, et qu'ils admettent que la question du rapport de force et des négociations entre les partis doit avoir lieu avant le premier tour de l'élection présidentielle et non pas après, ce qui précisément donne tout son sens à la notion de primaires. La droite, nous l'avons dit, en avait déjà débattu de 1988 à 1994. L'idée a récemment été évoquée par Bernard Accoyer[12], président du groupe UMP à l'Assemblée nationale. Il suggérait de s'inspirer des « primaires à l'italienne », autrement dit de la désignation, selon une procédure de primaires ouvertes, d'un candidat non pas d'un parti mais d'une coalition ou d'un camp[13]. Dans ces conditions, le bipartisme pourrait consister en deux ensembles de fédérations de partis, une à gauche et une à droite, qui, au premier et au second tour de l'élection présidentielle, fonctionneraient comme un système bipolaire avec deux partis dominants et peut-être, à terme, bipartisan. Un scénario dont on saisit bien l'irréalisme aujourd'hui dans la mesure où, à gauche comme à droite, l'illégitimité de la domination du PS et de l'UMP apparaît forte aux yeux de leurs éventuels partenaires.

---

12. Le Figaro, *6 décembre 2006.*

13. *Rappelons que Romano Prodi a introduit cette procédure de désignation pour asseoir sa légitimité face aux organisations de la coalition qui le soutenaient mais l'avaient déjà évincé en 1998. Pour participer aux primaires, il fallait contribuer pour un euro symbolique, ce que firent, le 16 octobre 2005, quatre millions d'électeurs.*

Des obstacles au bipartisme ?

La dynamique qui oriente le système de partis français vers un bipartisme est forte. Pour autant, elle se heurte à des obstacles qu'il convient d'analyser et qui pourraient soit l'entraver soit l'arrêter. Ces obstacles se situent à plusieurs niveaux, institutionnel, électoral et organisationnel. La tendance au bipartisme est favorisée, nous l'avons vu, par une présidentialisation croissante du système politique et par le mode de scrutin uninominal majoritaire à deux tours. Si des modifications substantielles étaient apportées au niveau institutionnel ou à celui des modes de scrutin, cette tendance pourrait s'en trouver remise en cause. Le débat constitutionnel n'a jamais été clos. À gauche, il a été relancé par les partisans du passage à une Sixième République, favorables à une réduction du caractère présidentiel. François Bayrou prône également des changements institutionnels de forte ampleur. À droite, Nicolas Sarkozy, qui remettait en cause plus radicalement l'agencement institutionnel dans son ouvrage *Témoignage* et se montrait prêt à désacraliser la « vache sacrée » que représentait, selon lui, la Constitution de 1958 pour son camp politique, a semble-t-il reconsidéré à la baisse ses objectifs de réforme institutionnelle. Il ne propose plus clairement un renforcement institutionnalisé de la présidentialisation, l'heure n'étant sans doute pas à la désacralisation et à l'ouverture d'un conflit interne sur cette question. Du point de vue constitutionnel, une révision profonde, qui supprimerait l'élection présidentielle ou priverait le président de pouvoirs importants au bénéfice du Parlement ou du Premier ministre, pourrait redonner un espace politique à d'autres partis, encore que le processus de présidentialisation puisse également se développer au niveau du chef de gouvernement. Cependant, cette éventualité paraît faible compte tenu de la place grandissante occupée par l'élection présidentielle, de l'intérêt et de la mobilisation qu'elle suscite dans l'électorat, et de la difficulté à réaliser une telle révision institutionnelle. C'est surtout une modification profonde du mode de scrutin qui pourrait contrarier la bipolarisation en cours. En effet, le Parti socialiste s'est engagé à appliquer une part de proportionnalité dans le mode de scrutin législatif, l'UMP se contentant de proposer l'introduction d'une dose de proportionnalité dans l'élection des sénateurs. L'enjeu est décisif. Un retour au scrutin proportionnel, comme en 1986, pourrait priver les deux grands partis de la majorité absolue – ce ne fut pourtant pas le cas en 1986, mais, à l'époque, l'UDF et le RPR étaient alliés. Ce qui signifie que le mode de scrutin uninominal majoritaire à deux tours est un élément déterminant du bipartisme même s'il n'en constitue pas une condition absolue, comme nous pouvons le constater dans des pays comme la Grèce, le Portugal et l'Espagne, qui élisent leurs députés au scrutin proportionnel et qui fonctionnent pourtant aujourd'hui comme des bipartismes imparfaits.

Parler d'une tendance au bipartisme alors même que les deux partis dominants sont sortis fortement affaiblis du premier tour de l'élection présidentielle de 2002 peut, par ailleurs, paraître audacieux. La fragmentation à la fois du système partisan et des candidatures à l'élection présidentielle constitue en effet un danger persistant pour ces deux partis. D'ailleurs, l'élection présidentielle de 2007 est bien la preuve que ce type de scrutin offre une fenêtre d'opportunité pour des stratégies anti-bipolarisation, comme celles de Jean-Marie Le Pen et de François Bayrou. Danger grave si, comme en 2002, l'un des deux grands candidats est éliminé au premier tour, danger moindre mais réel si, même si ces deux candidats arrivent en tête, leur score est assez bas pour affaiblir leur légitimité politique et encourager leurs compétiteurs à poursuivre dans la voie de l'opposition radicale à leur égard. Certes, en 2007, le processus de réduction de l'offre électorale, élément décisif pour les partis dominants, s'est engagé avec un certain succès. Les deux grands partis font pression sur leurs élus pour que ceux-ci n'accordent pas leurs signatures à des concurrents gênants ; ils négocient pour obtenir le retrait de ces derniers de la course présidentielle par la distribution de circonscriptions législatives gagnables. Les petits partis et leurs candidats sont confrontés au risque de réaliser des scores résiduels, et ils peuvent préférer trouver un accord avec les partis dominants afin de s'assurer quelques sièges aux élections législatives, la garantie de ressources financières et des positions de pouvoir en cas de victoire. C'est déjà le cas des radicaux et de Jean-Pierre Chevènement à gauche, et de Christine Boutin à droite. La réduction de l'offre ne peut cependant être complète et les deux partis affronteront des extrêmes gauches, un centre et une extrême droite. Les Verts, gênés par leurs fortes divisions internes et la faiblesse de leur *leadership*, sont dans une situation incertaine. La question de la pertinence et de la légitimité de leur candidate désignée, Dominique Voynet, se pose compte tenu de sa faible audience. Mais au regard de leur grande faiblesse électorale actuelle, ils seront sans doute amenés à signer un accord avec les socialistes à l'issue du premier tour. De toute manière, nous l'avons vu, ils ne peuvent obtenir quelques sièges de députés qu'avec l'accord du Parti socialiste.

Comme l'illustre le tableau 3, depuis 1981, les candidats soutenus par le PS et le RPR n'ont jamais franchi, à eux deux, le seuil des 54 % de suffrages exprimés au premier tour de l'élection présidentielle. En 2007, au fil des sondages publiés – et même si l'équilibre entre Nicolas Sarkozy et Ségolène Royal est sujet à des variations selon la conjoncture de campagne –, ils représentent environ 60 % des suffrages exprimés. Ce mouvement est attesté par le fait que sur les quatorze candidats généralement testés par les sondages, seuls quatre d'entre eux dépassent les 3 %. Globalement, la tendance au bipartisme se trouve structurellement défiée par Jean-Marie Le Pen et conjoncturellement par François Bayrou.

Le FN constitue une menace pour la bipolarisation depuis le milieu des années 1980. En recueillant 11 % des suffrages exprimés aux élections européennes de 1984, ce parti s'est progressivement imposé en prenant justement pour cible l'ensemble des « partis du système ». Même s'il n'a pu constituer un groupe parlementaire qu'à la faveur du passage, en 1986, au scrutin proportionnel, il n'en est pas moins demeuré tout au long de la période une menace potentielle importante pour la bipolarisation. Il a même failli déstabiliser le système à deux occasions, lors des élections législatives anticipées de 1997 et lors des élections régionales de 1998. En effet, s'il ne peut avoir d'élus au niveau national, le FN peut en revanche nuire

Tableau 3

Résultats du premier tour des élections présidentielles (1981-2002) (en % des suffrages exprimés)

Tendance politique des candidats	Élection présiden-tielle de 1981	Élection présiden-tielle de 1988	Élection présiden-tielle de 1995	Élection présiden-tielle de 2002
Extrême gauche				
LO	2,2	2,0	5,3	5,7
LCR				4,3
Divers trotskistes		0,4		0,5
PSU	1,1			
Divers extrême gauche		2,0		
Gauche				
PS	25,8	34,1	23,3	16,2
PCF	15,3	6,8	8,6	3,4
Radicaux	2,2			2,3
Verts				5,3
Droite				
RPR	18,0	19,9	20,8	19,9
UDF	28,4	16,5	18,6	6,8
DL				3,9
Divers droite	3		4,7	1,2
Extrême droite				
FN		14,5	15,0	16,9
Divers extrême droite			0,3	2,3
Divers				
Écologistes	3,9	3,8	3,3	1,9
Chevènementistes				4,2
CPNT				5,3
Total	100	100	100	100
Gauche de gouvernement + droite de gouvernement	92,8	76,3	76,1	58,9
PS + RPR	43,8	54	44,1	36,1

gravement à la droite en la privant de victoires électorales. Lors des élections de 1997, son score élevé de 15 % des suffrages exprimés lui a permis, malgré le seuil très élevé exigé pour être qualifié pour le second tour (12,5 % des électeurs inscrits), d'être présent dans 132 circonscriptions législatives et de contribuer ainsi à la défaite de la droite chiraquienne. L'année suivante, les élections régionales, au scrutin proportionnel, ont provoqué dans plusieurs régions des crises politiques graves au sein de la droite modérée, celle-ci ayant besoin du vote des élus d'extrême droite pour conserver la présidence d'un certain nombre de conseils régionaux. La droite modérée a été déchirée au niveau local par ce conflit qui portait sur la légitimité ou l'illégitimité pour elle de s'allier, au moins au niveau régional, avec l'extrême droite. Jacques Chirac prit clairement position contre toute alliance avec le FN, mais les alliances passées dans certaines régions avec ce dernier fissurèrent la tentative d'établir un front commun. De ce point de vue, le FN correspond bien à un « parti anti-système » selon la définition de Giovanni Sartori. Isolé, il n'a pas pu empêcher les alternances entre la gauche et la droite. Certes, ses succès électoraux en termes de voix ont été réels lors d'élections personnalisées et/ou ne nécessitant pas la constitution d'un système d'alliances, comme en témoigne évidemment la présence de Jean-Marie Le Pen au second tour de l'élection présidentielle de 2002. Mais dans ce cas, la menace s'est avérée plus symbolique que réelle puisqu'il n'existait aucune probabilité qu'il soit élu, et qu'aux élections législatives de 2002, malgré l'exploit de son chef à l'élection présidentielle, le FN n'a rassemblé que 11,1 % des suffrages exprimés (12,5 % pour l'ensemble de l'extrême droite), qu'il n'a pu se maintenir que dans 37 circonscriptions et n'a obtenu aucun élu.

Au centre, François Bayrou a décidé de réoccuper un espace politique abandonné depuis 1974 en refusant la double domination des deux grands partis. Jusqu'aux élections législatives de 2002, l'alliance RPR-UDF fonctionnait encore tant bien que mal malgré la volonté croissante d'autonomie de l'UDF. La création de l'UMP a eu un coût. Elle a généré un processus de rupture entre les deux partis. La mainmise du RPR sur une partie de la droite de tradition centriste et modérée a provoqué en retour la radicalisation de l'UDF qui, sous la houlette de François Bayrou, a adopté une attitude de plus en plus combative à l'égard de l'UMP. Le congrès de l'UDF, en janvier 2006, a officialisé sa ligne d'indépendance. Pour la première fois, le 16 mai 2006, François Bayrou et plusieurs députés de l'UDF se sont associés à la gauche pour voter une motion de censure déposée par le Parti socialiste. L'UDF ne fait plus partie de la majorité parlementaire actuelle et se situe aujourd'hui clairement dans l'opposition. L'affaiblissement électoral et politique de ce parti en 2002 l'a conduit à jouer son va-tout en 2007. Tout le pari de François Bayrou repose donc sur sa capacité à réaliser un score suffisamment élevé en 2007 pour imposer à l'UMP (ou au PS ?) une négociation qu'il aborderait pour sa part en position favorable, ce que les sondages ne lui interdisent pas d'espérer.

Une autre tentative de déstabilisation des deux partis dominants ne doit pas être oubliée, même si elle a échoué, celle des mouvements souverainistes. À droite, le souverainisme a émergé électoralement à l'occasion de la campagne pour la ratification du Traité de Maastricht en 1992. Le RPR et l'UDF, favorables à la ratification du Traité de l'Union européenne, ont été confrontés à des oppositions internes, allant finalement jusqu'à des scissions, le décalage entre les dirigeants et les adhérents étant particulièrement net au RPR. En 1994, Philippe de Villiers, député UDF, quitta son parti pour fonder le Mouvement pour la France (MPF). Aux élections européennes de 1994, il présenta une liste qui obtint 12 % des suffrages exprimés. Aux élections européennes de 1999, Charles Pasqua, qui quitta alors le RPR, s'associa à Philippe de Villiers pour présenter une liste souverainiste. Elle obtint 13 % et devança la liste RPR-UDF. En novembre de la même année, ces deux leaders fondèrent un nouveau parti clairement souverainiste, le Rassemblement pour la France (RPF), mais leurs dissensions affaiblirent leur entreprise. À gauche, Jean-Pierre Chevènement, qui avait appelé lui aussi à voter « non » au référendum de 1992 et avait quitté le Parti socialiste pour fonder le Mouvement des citoyens (MDC), démissionna du gouvernement en août 2000 et rompit avec Lionel Jospin puis avec la gauche. Avant l'élection présidentielle de 2002, il créa un nouveau mouvement, le Pôle républicain, souverainiste et récusant le clivage gauche-droite. Ces tentatives n'ont cependant pas eu d'effet profondément déstabilisateur sur les deux partis dominants.

Nous l'avons déjà souligné, la notion de bipartisme, telle que nous la testons ici, n'implique pas l'existence de deux partis seulement. Elle désigne plus largement la tendance à la domination croissante de ces deux partis. Dans un système fondé sur l'existence de plusieurs partis, la question des alliances apparaît centrale ; dans un système où la domination de l'un d'entre eux dans chaque camp est affirmée, elle génère des relations spécifiques dans la mesure où les relations sont inégalitaires, marquées par des formes de dépendance. D'un certain point de vue, la construction des alliances s'en trouve compliquée. Les « petits » partis ont le choix entre trois solutions différentes : soit accepter la domination des deux grands partis et négocier avec eux leur survie politique ; soit tenter, à droite et à gauche, de reconfigurer le système de partis en proposant une offre partisane nouvelle, par la fusion de mouvements et de partis existants et la création de nouvelles formations partisanes ; soit, enfin, d'accepter leur marginalisation électorale et leur isolement politique en espérant que l'avenir leur donnera des occasions de rebondir. Même si l'on peut penser que ce sont avant tout les résultats des élections de 2007 qui orienteront les différents partis vers l'une de ces trois options, certaines observations peuvent être faites dès maintenant.

La première option, celle de l'acceptation par les petits partis et candidats de la domination des deux grands partis, a déjà été choisie par plusieurs d'entre eux : par exemple, les partis radicaux – de gauche et de droite – ou le mouvement de Jean-Pierre Chevènement. La deuxième option consiste à tenter de reconfigurer l'espace des partis non seulement en refusant le duopole des partis dominants mais en tentant de remettre en cause la bipolarisation. Cette option semble être celle d'une partie de l'extrême gauche d'une part, et celle de l'UDF d'autre part. Ces choix sont fondés, l'un sur l'idée selon laquelle il existe potentiellement un espace politique et électoral à la gauche du Parti socialiste, et l'autre un espace au centre entre les deux partis dominants. Dans les deux cas, ces tentatives ont pour objectif de constituer une offre suffisamment attractive pour être en situation de négocier avec les partis dominants dans une position de force. À la gauche du PS, depuis 2005, plusieurs tentatives ont eu lieu pour présenter un candidat unique de la « gauche antilibérale ». En 2006, l'une d'entre elles a réuni le PCF et plusieurs centaines de « collectifs antilibéraux » pour tenter de présenter un candidat commun. Les collectifs ont eu à choisir entre trois noms, celui de la candidate présentée par le parti communiste, Marie-George Buffet, Clémentine Autain, adjointe à la mairie de Paris, apparentée communiste, et Yves Salesse, de la Fondation Copernic. Comme les autres, cette tentative a échoué pour plusieurs raisons. La première est liée à la position dans laquelle se trouve le parti communiste, qui est soumis à des contraintes et à des pressions contradictoires fortes. D'un côté, il entend conquérir une position dominante dans la restructuration de l'extrême gauche, tout en se réservant de l'autre la possibilité d'un accord au moins électoral avec les socialistes pour conserver son groupe parlementaire et ses positions locales qui, bien que réduites à une peau de chagrin, demeurent son principal capital politique. Or, ses partenaires éventuels à « la gauche de la gauche » ont adopté une position d'opposition absolue aux socialistes, qualifiés de sociaux-libéraux, et ils ne veulent pas laisser le parti communiste occuper une position dominante dans le rassemblement antilibéral. En outre, les formations trotskistes n'ont pas l'intention d'accepter une fusion dans un rassemblement qui noierait leurs propres organisations, d'autant qu'elles espèrent bien terminer la guerre qui les oppose depuis soixante ans aux communistes par une victoire décisive. Le rapport des forces de 2002 à l'élection présidentielle les encourage à présenter quoi qu'il arrive leurs propres candidats en 2007. Enfin, le parti communiste, décidé coûte que coûte à présenter Marie-George Buffet à l'élection présidentielle, a finalement donné la priorité à cet objectif, quitte à se retrouver isolé dans le mouvement antilibéral. L'échec de la tentative des collectifs antimondialisation à la veille de Noël 2006 et la tentative annoncée de José Bové semblent ôter tout espoir de modifier la donne partisane et politique à « la gauche de la gauche » avant les prochaines échéances électorales. Cette tentative avortée, portée par une grande partie des opposants non socialistes de la gauche à la ratification du Traité constitutionnel européen, montre que le clivage introduit par le vote référendaire n'a pas une consistance politique propre à opérer une restructuration des forces politiques autour de lui.

La troisième option est celle de l'isolement assumé. C'est le choix pour l'instant des formations trotskistes, le parti communiste semblant incapable de faire un véritable choix stratégique, écrasé par les contradictions dans lesquelles il s'est pris, et, peut-être de ce fait, condamné à terme à disparaître. Ce pourrait être aussi le choix d'une UDF défaite en 2007, réduite et refusant tout compromis avec l'un des deux grands partis. C'est aussi celui du Front national, qui de toute manière ne peut être considéré par l'UMP comme un partenaire possible dans les conditions actuelles. Ce pourrait être aussi le cas du MPF de Philippe de Villiers s'il parvenait à survivre après 2007.

La situation des deux grands partis dans la période actuelle est donc contradictoire. Ils renoueraient bien des alliances avec leurs alliés traditionnels, Verts et communistes d'un côté et UDF de l'autre, mais leur propre renforcement et/ou l'affaiblissement ou la radicalisation de leurs partenaires éventuels font obstacle à ces tentatives. Du coup, privés d'alliés à la fois demandeurs et peut-être nécessaires, ils sont amenés, plus ou moins consciemment et volontairement, à raisonner en termes de système bipartisan. Le fait que le cycle électoral débute par une élection présidentielle les dispense, au moins dans un premier temps, de passer des accords avec d'autres partis, sinon du type de ceux déjà signés avec les radicaux de gauche, les chevènementistes ou Christine Boutin, c'est-à-dire des accords qui consistent en une acceptation de la domination des grands partis contre la possibilité d'obtenir quelques sièges de députés et peut-être un poste de ministre. En ce début de campagne, aucun des deux grands candidats ne s'adresse explicitement à d'éventuels partenaires partisans. Les deux partis jouent seuls pour l'instant et semblent adopter une stratégie d'occupation de l'ensemble de leur espace politique, à gauche et à droite. Ainsi, la direction du PS a interdit à ses élus de donner leur parrainage à des candidats de gauche non socialistes. Quant à l'UMP, le projet de sa fondation même allait dans le sens de la création d'un système bipartisan. Certes, elle a décidé pour l'instant de ne pas désigner de candidats dans les circonscriptions détenues par l'UDF au cas où elle pourrait envisager un accord avec celle-ci, soit entre les deux tours de l'élection présidentielle soit au moment des élections législatives. Mais elle doit pour l'instant compter essentiellement sur elle-même et tenter d'obtenir, en cas de victoire présidentielle, une majorité absolue lors des prochaines élections législatives.

Le dernier obstacle potentiel à l'établissement d'un système bipartisan peut venir de l'intérieur des deux partis dominants eux-mêmes. Ceux-ci demeurent fragiles car ils sont en mutation. Au Parti socialiste, la candidate a obtenu sa désignation au terme d'un processus dans lequel, au départ, elle a d'une certaine manière contourné l'organisation. L'autonomie qu'elle revendique par rapport à son parti, aussi bien du point de vue de l'organisation elle-même que de son programme, sa désinvolture à l'égard des autres leaders et la personnalisation de sa campagne provoquent, surtout quand elle rencontre des difficultés, des divisions internes et des oppositions qui affaiblissent sa candidature. En cas d'échec retentissant, une crise interne pourrait éventuellement déboucher sur une division profonde du parti et donc son affaiblissement. La difficile situation de la campagne référendaire de 2005, où une moitié du Parti socialiste a fait campagne contre sa position officielle, a montré que la question de l'unité et de la discipline restait posée au sein du Parti socialiste. En outre, dans l'hypothèse de l'élection de la candidate socialiste, un échec gouvernemental suivi de fortes déceptions dans le parti et dans l'opinion pourrait également aviver les oppositions internes, qui pourraient s'accompagner d'une remise en cause au moins partielle dans l'avenir de l'autonomie du candidat du parti à l'élection présidentielle. C'est donc la question de la discipline interne qui est posée, car, pour gagner, un candidat a besoin de l'appui d'un parti uni derrière lui. Ces dangers menacent moins l'UMP, même si la création du parti est plus récente et que sa mue en parti présidentiel – et non seulement en parti du président – est encore moins avancée au début de l'année 2007. Cependant, un échec de Nicolas Sarkozy à la prochaine élection présidentielle pourrait affaiblir le processus en cours en redonnant la parole à ceux qui, au sein de l'UMP, s'opposent à la « partisanisation » de l'élection présidentielle, pour des raisons tactiques ou de fond. Mais la désignation officielle de Nicolas Sarkozy, le 14 janvier 2007, a montré qu'une réelle dynamique de rassemblement autour de lui était à l'œuvre.

La mue des deux partis dominants n'est pas terminée, ce qui empêche de considérer comme inéluctable la tendance au bipartisme du système de partis français. De nombreux obstacles rendent l'aboutissement de cette évolution encore incertaine. Mais la force de la dynamique qui joue en faveur de l'établissement d'un bipartisme imparfait est non seulement ancienne mais semble s'être accélérée entre 2002 et 2007. Les élections de 2007 seront le moment de vérité pour l'accomplissement ou non du processus engagé, à la fois au niveau présidentiel et au niveau législatif. Quoi qu'il en soit, le PS et l'UMP n'apparaissent plus être tout à fait des partis comme les autres dans la mesure où ils occupent une place bien spécifique dans le système partisan. Cette spécificité croissante des deux partis se retrouve-t-elle au niveau de l'évolution de leur organisation et de leur fonctionnement internes ?

Chapitre 2

La dynamique *des organisations*

Le PS et l'UMP occupent des positions symétriques dans le système politique. Cette homologie de position induit-elle des évolutions identiques au niveau organisationnel ? De nombreux éléments vont clairement dans le sens d'un mouvement de rapprochement des deux partis, dans la direction de ce que l'on pourrait appeler une convergence imparfaite. Encore faut-il préciser que l'homologie de position au sein du système de partis ne fournit pas la seule explication de cette convergence. En tous les cas, cette explication doit être précisée en introduisant une hypothèse sur les relations que cette homologie sécrète. L'équivalence des positions engendre un type de relations que l'on peut caractériser de la manière suivante : ces deux organisations s'observent continuellement (le PS crée des groupes d'observation de l'UMP, et inversement) et s'imitent souvent. Ce mimétisme organisationnel constitue un élément d'explication de la thèse de la convergence. La relation de concurrence qui les lie porte en elle-même des phénomènes d'imitation : si l'un d'entre eux choisit de sélectionner son candidat présidentiel par le vote des adhérents, son rival ne peut l'éviter ; si l'autre investit dans Internet pour mobiliser ses adhérents, son concurrent s'y met à son tour ; enfin, si l'un d'entre eux organise des débats internes dans la campagne des primaires, la pression « délibérative » se fait alors ressentir sur l'autre.

Les éléments de convergence sont donc bien repérables, mais l'on doit parler plus justement de convergence imparfaite. On ne peut, en toute rigueur, affirmer aujourd'hui que ces deux partis vont automatiquement et clairement se transformer de la même manière. Malgré la prégnance du mimétisme, il demeure de robustes preuves que des mécanismes de différenciation, voire de distinction, existent. Les modèles génétiques et les cultures partisanes des deux partis constituent évidemment des facteurs lourds de maintien des différences : la fondation et l'histoire des organisations ont façonné des manières de faire différentes ; les pratiques et les codes ne sont pas les mêmes et toute innovation est réinscrite et réinterprétée dans ce cadre. Dès lors, l'introduction de mesures apparemment similaires peut conduire à des appropriations différentes.

Le PS et l'UMP sont devenus des partis présidentiels dans une période où les citoyens se sont montrés de plus en plus critiques et méfiants à l'égard des partis politiques, et où l'on s'est interrogé sur le rôle que ceux-ci pouvaient encore jouer dans les démocraties représentatives. En effet, dans l'ensemble des pays démocratiques, des transformations d'ordre politique ont été, pour une part, induites par la place croissante des médias et des enquêtes par les sondages et les nouvelles technologies de communication. On a pu ainsi considérer que ces pays étaient entrés dans un nouvel âge, celui d'une « démocratie du public » qui remplacerait ou, plus justement, modifierait une « démocratie des partis », qui avait elle-même transformé les modalités du gouvernement représentatif[1]. Ce passage aurait engendré un rapport moins collectif et plus individuel au politique, une visibilité plus grande des personnalités au détriment des programmes, et une valorisation de l'action gouvernementale plutôt que des clivages idéologiques.

Pourtant, si les partis sont décriés aujourd'hui, les critiques qui leur sont adressées ne sont pas nouvelles. Elles ne font souvent que reprendre celles que leur naissance avait suscitées. En effet, pour l'essentiel, le jugement porté sur les partis est indexé sur deux paramètres. Le premier paramètre se trouve être la place que l'on accorde aux divisions et aux conflits qu'ils incarnent ou peuvent générer ; le second renvoie à l'opinion que l'on adopte sur les phénomènes de délégation. Comme l'a

---

1. *Bernard Manin*, Principes du gouvernement représentatif, *Paris, Calmann-Lévy, 1995.*

souligné Paolo Pombeni[2], la naissance des partis est indissociable des deux phénomènes historiques que sont la fin de l'évidence de l'unité nationale qu'a provoqué le traumatisme des guerres de religion, et la disparition d'une autorité politique transcendante avec celle de l'État absolutiste. Dans la mesure où les partis semblent mettre en cause l'unité nationale et institutionnalisent le pluralisme, ils sont souvent accusés d'être des ferments de division et de discorde. En tant que nouveaux « cana[ux] de la réglementation de l'obligation politique »[3], ou pour le dire autrement comme types de délégation et mode de constitution d'une autorité politique non transcendante, ils sont critiqués au motif qu'ils établiraient une confiscation du pouvoir. Il ne s'agit pas ici de retracer le fil de ces arguments mais de souligner la permanence de ces deux thèmes. Ainsi, à l'époque contemporaine, si l'on a pu croire que les partis pouvaient ne plus être nécessaires, c'est aussi parce que l'on pensait que la politique deviendrait plus consensuelle et que les mécanismes de délégation à des autorités politiques deviendraient obsolètes. L'idée que le gouvernement serait désormais surtout une affaire de gestion, que la polarisation idéologique s'effacerait, et que les professionnels de la politique émergeraient directement de la société civile débouchait sur le pronostic d'un affaiblissement du phénomène partisan. De même, on a pu penser que le statut de médiateurs des partis était dépassé en raison de la compétence croissante des citoyens et de leurs souhaits de démocratie directe. Compte tenu de la hausse du niveau d'éducation, les électeurs auraient moins besoin du recours aux organisations politiques pour s'informer et se faire un jugement. En outre, le changement des systèmes de valeurs, et singulièrement la montée des valeurs individualistes et anti-autoritaires, mettrait les individus en contradiction avec les formes de délégation partisane marquées par une structure hiérarchique. Aujourd'hui, les formes de l'engagement

---

2. *Paolo Pombeni,* Introduction à l'histoire des partis politiques, *Paris, PUF, 1992.*

3. Ibid., *p. 23.*

politique auraient d'ailleurs subi certaines transformations allant dans le sens d'un engagement plus pragmatique, ponctuel et individualisé[4], en même temps que les demandes d'intervention plus directe sur les décisions se renforceraient.

Pourtant, le rôle des partis est resté central dans l'ensemble des démocraties représentatives. Les partis demeurent au cœur du système, en particulier parce qu'ils pèsent de tout leur poids sur les procédures de recrutement politique. Dénigrés, parfois désertés ou en tous les cas négligés, confrontés à la concurrence d'autres formes de mobilisation et à des manières alternatives de faire de la politique, ils n'ont cependant pas été inertes. Leur capacité à se maintenir au cœur du système n'a pu se produire que parce qu'ils se sont transformés. Cette transformation a impliqué, le plus souvent, une adaptation à d'autres formes de mobilisation et des inflexions dans leur fonctionnement interne. Pour répondre à la demande de démocratisation interne, les dirigeants des partis ont accru le pouvoir des adhérents et tenté, avec plus ou moins de succès, d'instaurer un véritable pluralisme pour faire vivre au sein de l'organisation des sensibilités et des tendances diverses.

—— La place des adhérents

Un parti a-t-il encore besoin d'adhérents ? La question peut paraître incongrue tant a été érigé en modèle le parti de masse, organisation animée par la recherche du plus grand nombre de membres. Mais, à l'ère de la professionnalisation, les adhérents ne seraient-ils pas devenus des troupes inutiles, voire même gênantes, lorsqu'elles s'avèrent plus radicales que les électeurs ? À l'âge du papier, au temps du tractage et du porte-à-porte, le militant, comme « force de travail », est évidemment une ressource indispensable ; à celui de la télévision, il devient moins précieux, l'essentiel étant censé se jouer lors des inter-

---

4. *Jacques Ion*, La Fin des militants ?, *Paris, Éditions de l'Atelier, 1997 ; Jacques Ion, Spyros Franguiadakis et Pascal Viot,* Militer aujourd'hui, *Paris, Cevipof / Autrement, 2005.*

ventions médiatiques[5]. D'ailleurs, aux États-Unis, la distribution de tracts est même de plus en plus souvent sous-traitée à des « militants professionnels ». Dans les organisations de la gauche américaine, des professionnels de la mobilisation sont payés par le Parti démocrate, par Greenpeace ou par d'autres associations[6]. En bref, nous serions passés de campagnes électorales investissant dans la force de travail (les militants) à des campagnes investissant dans le capital (l'argent). Or, les cotisations militantes sont concurrencées par d'autres sources de financement. L'argument financier est ainsi parfois avancé pour expliquer le processus inéluctable de disparition des partis de militants. L'introduction dans la plupart des pays européens (à l'exception notable du Royaume-Uni) de législations portant sur le financement public des partis politiques, essentiellement calculé sur leurs performances électorales, contribuerait à rendre moins nécessaire la contribution financière fournie par les cotisations des adhérents. Tels sont les arguments portés à l'appui de la thèse de la fin du parti de militants.

Certains de ces arguments sont contestables. En particulier, l'argument financier n'est guère convaincant pour justifier le fait que les partis n'auraient plus besoin d'adhérents dans la mesure où c'est en Allemagne, pays où le financement public des partis est à la fois le plus ancien et le plus important, que la tendance à la revalorisation des adhérents s'est d'abord manifestée[7]. En effet, la dotation publique ne suffit pas à équilibrer le budget des partis. D'ailleurs, l'introduction dans de nombreux pays européens – au premier rang desquels la

---

5. *David M. Farrel et Paul Webb, « Political Parties as Campaign Organization », dans Russel J. Dalton et Martin P. Wattenberg (eds),* Parties without Partisans : Political Change in Advanced Industrial Democracies, *Oxford, Oxford Univerity Press, 2000.*

6. *Dana R. Fisher,* Activism Inc. : How the Outsourcing of Grassroots Campaigns is Strangling Progressive Politics in America, *Stanford (Calif.), Stanford University Press, 2006.*

7. *Susan E. Scarrow,* Parties and their Members. Organizing for Victory in Britain and Germany, *Oxford, Oxford University Press, 1996.*

France – de mesures limitant les dépenses de campagne a entraîné une sorte de rééquilibrage entre les facteurs du capital et du travail investis dans une campagne électorale : le travail militant retrouve, dans ce cadre, une utilité. Un militant représente une main-d'œuvre à moindre coût, une force de travail peu onéreuse mais non pas entièrement gratuite car l'entretien d'une masse d'adhérents s'évalue également en termes financiers. Il faut les informer et les former (frais de communication), les réunir (frais de déplacement ou événementiels), etc., même si avec la diffusion d'Internet, un certain nombre de tâches peuvent être délocalisées (par exemple, le mouvement vers une standardisation croissante du matériel de campagne peut être renversé). Le travail traditionnel a donc été redécouvert et la nécessité de ne pas abandonner l'effort d'implantation locale s'en est trouvée reconnue. Si, lors d'une campagne électorale, certaines tâches peuvent être – si nécessaire – sous-traitées à des membres extérieurs aux partis, la participation aux discussions et le travail quotidien de conviction ne peuvent pas l'être. Seuls des militants peuvent prendre en charge cette dimension de l'activité de mobilisation et de ralliement dans la mesure où leur fonction de leaders d'opinion à l'échelon local n'est guère sous-traitable. Enfin, le dernier rôle reconnu aux adhérents d'un parti est celui de constituer un vivier dans lequel sont sélectionnés des candidats. En effet, un parti politique assume également une fonction de recrutement politique, il contrôle le processus de sélection des candidats à un ensemble d'élections locales et nationales. Le recrutement et la formation des adhérents permettent aussi de remplir cette fonction. Lorsqu'on constate la difficulté de certaines formations à assurer leur présence sur l'ensemble du territoire et à toutes les élections, on comprend que l'enjeu n'est pas négligeable.

Quelle que soit la valeur des arguments en faveur du parti sans militants, force est de constater qu'à l'échelle européenne s'est développé au sein des partis, dans la période récente, un mouvement de réhabilitation des adhérents qui passe par une politique de recrutement militant, la revalorisation des tâches militantes et l'introduction de mesures de démocratisation interne – si l'on désigne par ce terme l'accroissement du pouvoir des adhérents. Mais, du même coup, s'est également engagé un mouvement de transformation du lien d'adhésion qui devient parfois plus lâche. Pour répondre à la demande de représentativité et pour avoir une chance réelle d'être élus, les partis ont également pris davantage en compte les souhaits des électeurs. En répondant à cette double demande, ils espèrent en retour acquérir de nouvelles ressources politiques et notamment la légitimité nécessaire pour contrôler le processus de l'élection présidentielle. L'articulation de l'effort de démocratisation interne et de l'effort de représentation externe peut ainsi leur permettre de dissuader des personnalités politiques issues de leurs rangs de se présenter à cette élection sans se soumettre à leurs règles de désignation.

La transformation du lien d'adhésion

Les deux partis dominants du système français se sont lancés quasiment au même moment – l'UMP ayant, en réalité, engagé la première le mouvement – dans des actions volontaristes de recrutement. Ils sont d'abord allés chercher de nouvelles recrues derrière leurs ordinateurs par le biais d'Internet, puis les ont poursuivies sur leurs lieux de vacances. Pendant l'été 2006, la caravane des « jeunes populaires » de l'UMP sillonne la France des plages. Vêtus de tee-shirts sur lesquels est inscrit le slogan « C'est l'été, imaginons la France d'après », les jeunes militants distribuent des gadgets (tongs, repose-tête, etc.), leur objectif est de « faire des adhésions » et leur périple est mis en images sur le site du parti. Un peu à la traîne, les jeunes socialistes lancent à leur tour leur « caravane du projet » autour du slogan « Cet été, le MJS prépare le changement ». Seul souci de distinction, ils ne visitent pas les plages mais « les centre-ville, les quartiers populaires, les festivals, les universités pour rencontrer "ceux qui ne souffrent pas que du soleil" ».

Ces partis mettent en scène régulièrement leur entreprise de mobilisation en affichant quotidiennement sur leur site Internet l'accroissement continu des adhésions et en prévoyant des rencontres mensuelles où ils accueillent les nouveaux membres. L'UMP, qui revendiquait autour de 100 000 adhérents en novembre 2004, date à laquelle Nicolas Sarkozy en est devenu le président, déclarait, fin juillet 2006, avoir franchi la barre des 250 000 adhérents. À la fin de l'année 2006, le cap des 330 000 adhérents aurait été dépassé. Le PS – dont la campagne d'adhésion a été plus courte (deux mois et demi) et directement liée au calendrier de la sélection du candidat présidentiel (il fallait être adhérent depuis au moins six mois pour pouvoir bénéficier du droit de vote en novembre 2006) – annonçait avoir franchi en 2006 la barre des 218 000 adhérents (dont près de 80 000 nouveaux adhérents). Dans les deux cas, l'efficacité de ces campagnes – célébrée par les partis – semble avérée même si l'on peut parfois s'interroger sur la crédibilité des chiffres affichés et sur la fiabilité des mesures d'adhésion par Internet.

Ces campagnes de recrutement portent en germe une modification du lien d'adhésion qui pourrait devenir à la fois plus flexible et plus instrumental. En effet, ce qu'est un adhérent varie selon les organisations et peut également se modifier dans l'histoire de ces organisations. Les procédures formelles, le lien qui se noue avec le parti, et la manière dont les membres sont encadrés, voire formés, ne sont pas équivalents. À ce propos, les spécialistes anglo-saxons parlent du degré d'*inclusiveness* pour désigner l'existence ou l'absence de barrières séparant les simples sympathisants des adhérents. Les barrières peuvent être élevées : la prise de carte (tout autant que le renvoi de la carte) a été pendant longtemps une étape marquante des trajectoires militantes communistes. À l'opposé, dans un certain nombre de partis conservateurs et libéraux, les fichiers comptabilisent moins des adhérents proprement dit que des personnes ayant participé à un certain type d'activités, un dîner-débat, par exemple. Au moment de la fusion des fichiers à l'UMP, des surprises sont intervenues et les adhérents revendiqués par DL n'étaient pas toujours au rendez-vous. Les barrières peuvent également être informelles : certaines organisations, comme par exemple l'UDF, font une sorte de tri et sélectionnent les personnes qui leur apportent des ressources spécifiques, par exemple, une position dans un réseau associatif, ou qui correspondent à un profil socioculturel valorisé. Enfin, pour d'autres, l'adhésion est prise au sens littéral : il faut adhérer et dès lors s'ajuster à l'organisation, pour cela une période probatoire peut même être prévue, non seulement des rites de passage mais également une mise aux normes. En France, Lutte ouvrière constitue un exemple radical ; en Italie, la Ligue lombarde prévoyait également une période probatoire. Globalement, un lien d'adhésion plus souple et une forme de porosité des organisations étaient traditionnellement des caractéristiques de partis de droite. Il faut toutefois apporter des nuances à cette dichotomie trop schématique. La figure du militant relevait bien de la culture de gauche, le militant communiste en fournissant l'archétype. Chez les socialistes, l'esprit de parti et la valeur du militantisme apparaissaient aussi comme des composantes historiques et culturelles centrales, avec parfois des dispositifs de fermeture comme celui du parrainage : pour entrer dans le parti, il fallait montrer patte blanche. Néanmoins, les légitimités élective et militante coexistaient, dessinant une culture d'organisation bien plus complexe. Symétriquement, le militantisme n'était pas absent de la droite partisane, le gaullisme partisan de la Quatrième République l'ayant beaucoup cultivé. Mais même si, dans les années 1960, un certain nombre de militants de l'Union pour la nouvelle République (UNR) ou de l'UDR pouvaient évoquer une forme de connivence militante avec les communistes, la référence s'est progressivement effacée.

Dès lors, on ne peut s'étonner de constater que le renouvellement des adhérents et l'éventuelle transformation du lien partisan qu'il induit ne se manifestent pas de manière totalement équivalente au PS et à l'UMP. Une première différence porte sur le degré de flexibilité du lien d'adhésion. Les deux partis n'ont pas misé exactement sur les mêmes dispositifs et n'ont pas tout à fait le même usage d'Internet. À l'UMP, la flexibilité du travail militant est admise. Une variété de statuts est désormais offerte : seul le statut d'adhérent (cotisation individuelle de 25 euros, 35 euros pour les couples, 10 euros pour les jeunes) donne le droit de voter, le partenaire se contente d'être informé, et le bénévole offre ses services sans coût financier ni rétribution autre que la satisfaction d'œuvrer pour la bonne cause. Dans le cas du PS, les résistances à la flexibilité de l'adhésion sont, de manière attendue, beaucoup plus fortes. En témoigne l'accueil reçu par la proposition d'introduire un statut « d'adhérent du projet », notion évoquée pour désigner ces adhérents dont la contribution serait moins élevée (10 euros) et l'engagement temporaire et ciblé (le temps de l'élaboration du projet présidentiel). Dénoncée comme une manière de brader l'adhésion, comme une dérive vers un parti de « supporteurs » et de « groupies » et non plus de militants, la réforme a finalement été amendée puisque la cotisation s'élève à 20 euros. Cette contribution financière s'apparente en quelque sorte à un prix d'appel, puisque les années suivantes, c'est le tarif en cours dans la fédération qui sera demandé. Autre différence entre les deux partis, à l'UMP, l'encadrement local de l'adhérent par Internet n'est pas nécessaire : le seul contact peut être la réunion mensuelle organisée en présence de Nicolas Sarkozy pour accueillir les nouveaux adhérents, ceux-ci n'ont pas besoin de rentrer en contact avec les échelons locaux. Au PS, pour être validée, l'adhésion électronique nécessite, en théorie, d'être enregistrée dans une section, celle-ci doit prendre l'initiative du contact. L'UMP se démarque également par son offensive sur Internet orchestrée par un prestataire spécialisé : création d'un blog « Parlons de la France d'après », d'un site dédié aux donateurs, d'une cyber-fédération, mais surtout d'une stratégie de marketing sur Internet incluant des campagnes d'e-mailings – soulevant des plaintes de nombreux internautes auprès de la Commission nationale de l'informatique et des libertés, CNIL –, et également des liens associés à certains mots-clés. Ainsi, après les émeutes urbaines de l'automne 2006, en tapant sur le clavier les termes « racaille », « émeutes », « banlieue », un lien était établi avec une pétition UMP de soutien à Nicolas Sarkozy. À gauche, à côté du PS, les comités Désirs d'avenir mis en place par Ségolène Royal, qui mobilisent sur Internet, insistent davantage sur la dimension participative par la multiplication de débats très visibles sur le site et de blogs.

Les motivations pour adhérer à un parti sont multiples. En termes analytiques, on peut distinguer celles qui relèvent d'une logique expressive – où il s'agit de s'identifier, de faire valoir ce que l'on est ou ce que l'on croit être – de celles qui mettent en jeu une logique instrumentale où il est davantage question d'agir sur le monde, d'avoir une influence – même ponctuelle – sur un ensemble de processus. Il n'est pas facile empiriquement de distinguer la part de chacune de ces deux motivations dans la décision d'adhérer. Toutefois, les vagues élevées et exceptionnelles d'adhésions enregistrées dans les deux partis durant la période précédant la désignation des candidats à l'élection présidentielle ont conduit observateurs et dirigeants politiques, notamment au Parti socialiste, à s'interroger sur une éventuelle modification des raisons d'adhérer, dans le sens d'une plus grande importance prise par la logique instrumentale. Pouvoir intervenir dans le choix du futur candidat présidentiel du parti constitue désormais une motivation d'autant plus mobilisatrice pour les adhérents que l'enjeu est médiatisé et que la concurrence existe. C'est ce que montrent les enquêtes sur les nouveaux adhérents par l'UMP[8] et le PS[9].

À l'UMP, les motivations de ces nouveaux adhérents sont claires. Ils adhèrent d'abord pour désigner le candidat à l'élection présidentielle (85 %) et, plus précisément, pour soutenir Nicolas Sarkozy : 78 % déclarent avoir adhéré « pour la personnalité et le discours de Nicolas Sarkozy ». Généralement, on le constate au niveau local, comme d'ailleurs au niveau national, le même objectif de renforcer ses soutiens dans un parti nouvellement conquis justifie les mêmes entreprises. Et d'ailleurs, on constate régulièrement que la proximité d'échéances internes s'accompagne toujours d'un accroissement des adhésions. Les

---

8. *« Les nouveaux adhérents de l'UMP », enquête Ipsos réalisée les 21 et 22 septembre 2005 (échantillon de 604 nouveaux adhérents, méthode des quotas, entretien par téléphone).*
9. *Enquête réalisée par le Parti socialiste (PS) auprès des nouveaux adhérents du PS par Internet, mai 2006 (échantillon de 18 000 nouveaux adhérents).*

élections internes sont le plus souvent précédées d'un flux d'adhésions[10], plus précisément de « reprises de carte ». La maîtrise de ce flux d'adhésions se révèle donc un enjeu redoutable dans la compétition interne à tous les niveaux. Jacques Chirac avait procédé ainsi, de 1974 à 1976, au moment de la conquête de l'UDR et de sa transformation en RPR. Il avait lancé une campagne de recrutement afin de contourner les « caciques » par « la base ». Nicolas Sarkozy a appliqué la même recette et a lancé « sa » campagne d'adhésion après avoir été élu à la présidence de l'UMP en novembre 2004. Au PS – où la personnalisation est moins légitime –, si 10 % des nouveaux adhérents déclarent adhérer pour soutenir une personnalité, 65 % expliquent leur adhésion par leur volonté de « peser sur le choix du candidat PS » à l'investiture du parti, juste après « la volonté que la gauche gagne les prochaines élections » (76 %). Les activités militantes que s'apprêtent à remplir ces e-adhérents socialistes sont d'abord de voter pour désigner le candidat (83 %) et secondairement de participer au débat sur le projet (51,5 %), ayant moins l'intention de s'impliquer dans la vie de leur section locale (48 %).

Le droit de vote comme rétribution attachée au statut d'adhérent est donc décisif dans la décision de sympathisants ou d'anciens membres de (re)prendre leur carte. À l'examen des taux de participation, on peut dire que les adhérents utilisent, dans l'ensemble, leurs droits. Au PS, en 1995, la participation des adhérents pour départager les candidats, Lionel Jospin et Henri Emmanuelli, avait été forte : 73 % des adhérents socialistes de l'époque (soit 82 562 d'entre eux) avaient voté au début du mois de février 1995[11] – et ce, en dépit des appels au boycott de Ségolène Royal. Plus récemment, en juin 2006, la

---

10. *Ce fut par exemple le cas lors de l'élection par les adhérents du président du Rassemblement pour la République (RPR) en décembre 1999 : en l'espace de quelques mois, le nombre d'adhérents était passé de 55 000 à 80 000.*

11. *Rappelons que Lionel Jospin avait recueilli 66 % de leurs suffrages.*

participation à la consultation sur le projet socialiste a été nettement plus faible : autour de 47 % des adhérents (40 % des nouveaux adhérents) ont voté. En 2002, le projet avait été adopté avec un taux de participation de seulement 45 %. En revanche, lors de la désignation du candidat socialiste en novembre 2006, le taux de participation de 80 % des adhérents signale une forte mobilisation. À droite, les taux de participation lors des consultations internes pour la désignation du président du RPR puis de l'UMP ont été de 81 % en 1998 (il est vrai que Philippe Séguin, unique candidat, avait fixé un seuil minimum de 70 % pour rendre légitime sa désignation), et de 63,5 % au premier tour et 70 % au second tour en 1999 pour la sélection de Michèle Alliot-Marie. En 2002, Alain Juppé a été élu avec 71 % de participation, et en 2004, Nicolas Sarkozy l'a été avec seulement 53,3 %.

Les inégalités de traitement des nouveaux adhérents s'expliquent de différentes manières. Elles tiennent d'abord sans doute à des modes de « management » différents. La création de l'UMP s'est accompagné d'un processus de professionnalisation d'une organisation qui jusqu'alors était nettement moins efficace que ce que l'on avait coutume de penser. À certains égards, l'UMP apparaît tout simplement mieux organisée dans la gestion de ses nouveaux adhérents. Mais les différences renvoient également, comme nous l'avons vu, à des différences culturelles. Enfin, elles relèvent de la configuration du pouvoir qui caractérise la situation de chacun de ces deux partis à la veille de l'échéance présidentielle. Pour toutes ces raisons, les nouveaux adhérents perturbent le PS. Certains dirigeants socialistes se sont émus de ce qu'ils estiment être une modification dangereuse du lien d'adhésion. La controverse oppose les contempteurs d'un « parti de supporters », qui dénoncent par cette expression l'affadissement de l'engagement politique et la dérive « marketing » de la politique, et les dénonciateurs d'un parti jugé « nombriliste », voire autiste. Henri Weber[12] écrivait

---

12. Le Monde, *23 août 2006.*

ainsi : « Le risque existe que cohabitent au sein du PS deux catégories d'adhérents : les militants actifs à l'ancienne, intégrés à un collectif de base, assumant le travail quotidien, et les adhérents individuels, socialistes "hors sol", détenteurs de droits de vote et supporteurs dans les campagnes électorales ». Il concluait que le Parti socialiste ne devait pas « se résigner à la fin du parti de militants. Une telle évolution serait désastreuse pour notre démocratie ». Quel que soit le jugement porté sur cette évolution, elle est en tout cas cohérente avec celle du parti lui-même et de son rôle dans le système politique français. Mais même en faisant la part de la tactique dans cette opinion exprimée par l'un des lieutenants de Laurent Fabius, craignant que les nouveaux adhérents soient davantage partisans de Ségolène Royal que de son chef de courant, le débat dépasse cet enjeu.

Les enjeux de la démocratisation interne

Aujourd'hui, dans la plupart des partis, les adhérents élisent leur leader, interviennent selon diverses modalités dans la sélection des candidats, et sont consultés dans l'élaboration des programmes ou au minimum les valident. Au PS, l'intervention des adhérents est assez largement prévue puisque, en plus de la désignation du candidat présidentiel, ils votent pour les investitures locales (cantonales, municipales et législatives), et, à l'occasion, sont consultés lors de référendums internes. Les procédures formelles dans l'élaboration du programme sont nombreuses : états généraux, mise en place d'une commission du projet, élaboration de textes par les fédérations, adoption d'un projet par les adhérents, transmission des amendements par les fédérations, et sélection de ces amendements par un groupe de travail. Il n'en demeure pas moins vrai que les canaux officiels sont court-circuités (mobilisation d'experts extérieurs) et que la confection du projet est, de fait, centralisée. À l'UMP, les procédures d'intervention des adhérents sont nettement plus réduites, que ce soit dans le choix des candidats ou dans l'élaboration des programmes, seul un questionnaire étant proposé sur le site du parti. La validation finale du projet est effectuée par un vote des adhérents.

Le principe de démocratisation, consistant à augmenter le pouvoir des adhérents des partis, a été l'objet de débats et de critiques. La première critique concerne la légitimité même de ce pouvoir. L'argument essentiel des contempteurs de la démocratisation interne des partis est le suivant : tout bien réfléchi, faut-il donner des pouvoirs à des adhérents peu nombreux et peu représentatifs des électeurs ? Faut-il laisser la désignation des candidats ou une quelconque influence sur le programme à un « peuple militant » si éloigné du « peuple réel » ? La réponse des partisans du modèle compétitif est claire : ce serait une erreur de conception. En effet, ces derniers rapportent la démocratie à l'existence d'une réelle situation de concurrence sur le marché électoral et non au sein des organisations. Pour eux, la démocratie doit avoir lieu entre les partis et non pas dans les partis. À l'aide d'une formule provocatrice, un politologue américain, Elmer Schattschneider[13], résumait, il y a déjà longtemps, leur point de vue en affirmant qu'il était aussi absurde de considérer que les partis devaient tenir compte de l'avis de leurs adhérents (et non de leurs électeurs) pour sélectionner les candidats ou élaborer leurs programmes que de penser qu'une entreprise devait concevoir ses produits en se référant aux préférences de ses salariés et non des consommateurs. La comparaison, quoique stimulante, n'est pas convaincante car, à la différence des chefs d'entreprise, les dirigeants d'un parti doivent une large part de leur légitimité et, en tous les cas, aujourd'hui, leur désignation, à la confiance des adhérents. Ceux-ci s'apparentent à des mandants et sont, si l'on tient à filer la métaphore économique, davantage des actionnaires que des salariés. De plus, sauf exception et lien de dépendance de type

---

13. *Elmer Schattschneider*, Party Government, *New York (N. Y.)*, *Holt, Rinehart, and Winston, 1942.*

clientéliste, les adhérents peuvent quitter l'organisation sans grand coût matériel, ce qui n'est évidemment pas le cas des salariés. Pour ces deux raisons, les dirigeants peuvent difficilement négliger les opinions de leurs adhérents.

Il n'en demeure pas moins que la question soulevée par Elmer Schattschneider se trouve au cœur du débat actuel. Si l'objectif d'un parti est de gagner les élections et donc de conquérir des électeurs, doit-il finalement prendre en compte les préférences des adhérents ? Ceux-ci sont-ils de bons représentants ou porte-parole des électeurs ? La question est d'autant plus pertinente que les effectifs des partis français sont faibles et que leur implantation dans la société peut légitimement être questionnée. Avec un peu plus de 1 % des électeurs adhérant à un parti politique, la France est un des pays européens où les partis ont le moins de membres, et l'évolution de ces dernières années indiquait – jusqu'à une période récente – que la situation était loin de s'améliorer (les pertes subies par le parti communiste contribuant pour une bonne part à ce nouvel affaiblissement), alors même que du côté de l'engagement associatif, une redynamisation était en cours. On saisit bien le cercle « vertueux » sur lequel se fonderait le pari actuel : donner du pouvoir aux adhérents suscite leur mobilisation ; plus nombreux, les adhérents seraient alors plus représentatifs et leur influence dans les processus de désignation des candidats, voire dans l'élaboration des programmes, rapprocherait les partis de leurs électeurs. Autrement dit, dans un contexte où il existe un risque réel de déconnexion entre les membres d'un parti et ses électeurs, donner du pouvoir aux adhérents implique d'élargir leur recrutement. Mais pour en mesurer les effets, il convient d'abord de distinguer la représentativité sociale et la représentativité politique de ces adhérents.

La question est d'abord de savoir dans quelle mesure les nouvelles techniques et formes d'adhésion contribuent à un renouvellement de la sociologie des adhérents. La vivification de la mobilisation en faveur des deux partis dominants améliore-t-elle la représentativité des partis politiques ? Au départ, cette représentativité est faible. Deux enquêtes, malheureusement réalisées à des dates[14] et selon des méthodes[15] différentes, permettent de comparer approximativement l'univers sociologique de ces deux populations avant ces campagnes de recrutement. La comparaison est possible dans la mesure où il s'agit bien, dans les deux cas, d'adhérents ou peut-être de militants (en particulier dans le cas de l'enquête de l'UMP, les adhérents interrogés avaient fait le déplacement au Bourget pour participer à un congrès sans autre enjeu que l'intronisation de Nicolas Sarkozy), et non pas, à proprement parler, de cadres du parti[16]. Comparés à la population française, les adhérents des deux grands partis français ont en commun d'être surtout des hommes relativement âgés. La distorsion est d'ailleurs un tout petit peu moins forte à l'UMP[17] de 2004 qu'au PS de 1998, mais, en l'espace de six ans, il est probable que les nouveaux adhérents socialistes des vagues de 2002[18] et de 2006 aient légèrement modifié l'équilibre. De même, les deux partis accueillent massivement les catégories les plus favorisées par leur diplôme

---

14. *L'enquête auprès des adhérents socialistes a été réalisée en octobre 1998, celle menée auprès des adhérents UMP en novembre 2004. La première a fait l'objet d'une publication : Daniel Boy, François Platone, Henri Rey, Françoise Subileau et Colette Ysmal,* C'était la gauche plurielle, *Paris, Presses de Sciences Po, 2003.*

15. *L'enquête auprès des adhérents socialistes a été réalisée par le biais de la presse partisane, le questionnaire ayant été publié dans* L'Hebdomadaire des socialistes *: 12 291 adhérents y ont répondu. L'enquête à l'UMP a été réalisée au cours du congrès du 28 novembre 2004 par une équipe du Cevipof. Le questionnaire était distribué aux personnes y participant, 836 adhérents UMP y ont répondu.*

16. *80 % des adhérents UMP interrogés ne détiennent aucun mandat électoral, 63 % n'ont aucune responsabilité dans le parti, et 32 % ont des responsabilités locales ou départementales.*

17. *On pourrait d'ailleurs s'interroger sur le militantisme en couple. Par exemple, il faut noter que l'UMP propose des adhésions-couple à un tarif promotionnel et que la fréquentation des congrès est souvent une affaire conjugale.*

18. *Le Parti socialiste a connu après l'élection présidentielle de 2002 une vague conjoncturelle d'adhésions, en particulier dans les classes d'âge les plus jeunes, mais a été confronté à la difficulté de pérenniser ces adhésions puisque beaucoup ne furent pas renouvelées.*

et leur profession : sur ces dimensions, le décalage avec la population s'avère flagrant.

Tableau 4
Sociologie des adhérents socialistes et UMP

	Enquête PS de 1998	Enquête UMP de 2004	Population âgée de plus de 15 ans en 1999
Hommes	72 %	68 %	49 %
Plus de 50 ans	67 %	59 %	42 %
Niveau d'études inférieur au baccalauréat	33 %	30 %	70 %
Cadres supérieurs, professions libérales	42 %	40 %	12 %

Malgré des infléchissements valorisés par chacune des organisations concernées, l'hypothèse formulée plus haut que la mobilisation de nouveaux adhérents aurait pu entraîner un élargissement de l'assise sociologique de ces deux partis n'est pas validée. Les deux enquêtes déjà citées, menées par chacun des deux partis sur leurs nouveaux adhérents, attestent que les décalages constatés demeurent pour l'essentiel. Rappelons d'abord que ces deux enquêtes ne sont pas identiques principalement du fait que le PS s'est exclusivement intéressé aux nouveaux e-adhérents, alors que l'enquête commanditée par l'UMP cible les nouveaux membres en général, quel que soit leur mode d'adhésion. Dès lors, si, à la différence de l'enquête UMP, les données recueillies auprès des e-adhérents socialistes mesurent un rajeunissement, ce phénomène peut s'expliquer partiellement par le mode d'adhésion électronique, qui concerne en priorité une population jeune.

Que peut-on dire de leur représentativité politique ? Prenons l'exemple de la consultation interne du Parti socialiste à propos du référendum sur le Traité constitutionnel européen en 2005. Premier enjeu : le choix de consulter les adhérents. Il s'appuyait davantage sur la symétrie des procédures utilisées au niveau partisan et national, sur la vogue des consultations directes et des procédures de démocratie participative, et sur la pertinence d'un appel au « peuple militant » pour trancher entre les dirigeants, que sur le pari d'une représentativité des adhérents. Comment demander au niveau national l'avis de tous les Français et ne pas demander celui de tous les socialistes si l'on se prétend favorable à l'idée de démocratisation ? Deuxième enjeu : les résultats. Ceux-ci sont plus difficiles à interpréter dans la mesure où l'on ne sait pas si les différences entre le vote des adhérents et celui des électeurs socialistes résultent d'un décalage structurel ou d'une évolution au cours de la campagne. Le référendum interne du 1er décembre 2004 a donné 58,62 % en faveur du « oui », soit une forte majorité. Le référendum national du 29 mai 2005 a donné 55 % pour le « non », et les sondages ont indiqué que les sympathisants socialistes avaient en majorité voté « non ». Mais le référendum interne a eu lieu cinq mois avant le vote national. Durant cette période de cinq mois, la courbe des sondages a oscillé entre la victoire du « oui » et celle du « non ». On ne sait pas ce qu'aurait donné comme résultat le vote interne s'il avait été réalisé à quelques jours du scrutin national. Troisième enjeu : la légitimité des choix militants. Que fait-on d'un vote militant lorsqu'il est en contradiction avec celui des électeurs ? Une réponse a été donnée indirectement par le Parti socialiste concernant le vote au référendum de 2005. On peut changer un dirigeant qui s'est trompé ou a été désavoué par les électeurs, mais on ne peut pas changer la majorité des adhérents. Une solution est alors « d'effacer » son vote. La direction du PS, qui avait fait campagne pour le « oui », s'est comportée après la victoire du « non » comme si la légitimité du vote militant était inférieure à celle du vote des Français, et surtout à celle du vote des sympathisants socialistes tel que les sondages le reconstituaient. Aucune sanction ne fut prise contre la minorité qui avait fait ouvertement campagne pour le « non », et les partisans du « oui » ont abandonné leur position, décidant, d'un commun accord avec les partisans du « non », d'enterrer le débat européen. En donnant une légitimité supérieure aux électeurs sur les adhérents au moment du référendum de 2005, les dirigeants socialistes ont indirectement donné raison à Elmer Schattschneider.

En ce qui concerne l'élection présidentielle, une éventuelle distorsion entre les choix des adhérents au moment de la désignation du candidat et ceux des sympathisants, et plus largement de l'électorat, est une éventualité pleine de dangers pour un parti dominant. Une telle distorsion peut en effet provoquer la présence de candidats dans l'espace électoral du parti qui se présenteraient en dehors de lui, et, du coup, diminuer ses chances de victoire. En 2007, le choix des adhérents pour la désignation des candidats des deux grands partis à l'élection présidentielle a été en cohérence avec les préférences des électeurs, notamment de leurs sympathisants. Un sondage CSA du 8 novembre 2006, soit huit jours avant le vote des adhérents, montrait que parmi les sympathisants socialistes, 58 % souhaitaient la désignation de Ségolène Royal, 31 % celle de Dominique Strauss-Kahn, et 9 % celle de Laurent Fabius. Le 16 novembre, le vote des adhérents convergeait avec les souhaits de l'opinion malgré certains décalages : 60,6 % votaient en faveur de Ségolène Royal, désignée ainsi dès le premier tour, loin devant ses deux challengers, Dominique Strauss-Kahn avec 20,8 % et Laurent Fabius avec 18,6 %. L'ampleur du score de Ségolène Royal et sa répartition géographique montraient la proximité entre les adhérents et les sympathisants. En effet, une étude de l'Institut français d'opinion publique (IFOP) indiquait qu'au niveau départemental, le score de Ségolène Royal au sein du parti était d'autant plus fort que les sympathisants socialistes (ceux qui se déclarent dans les sondages proches du PS) étaient plus nombreux à souhaiter sa candidature. Pourtant, l'enquête faite sur les « nouveaux » adhérents par Internet du Parti socialiste montre que leurs différences de profil avec la population française sont encore plus accusées que celles qui existaient chez les « anciens » adhérents, en particulier s'agissant du niveau d'études : 40 % des adhérents de 1998 avaient un niveau d'études égal ou supérieur à Bac plus deux, 73 % des nouveaux e-adhérents sont dans ce cas. Cette enquête montre également l'appartenance de ces adhérents par Internet à un second cercle socialiste balisé par l'adhésion à des syndicats (un quart des e-adhérents déclarent adhérer à un syndicat) ou à des associations (35 % déclarent adhérer à une association sportive ou culturelle, 15 % à une association d'entraide humanitaire, 10 % ou moins sont membres d'associations de défense des droits de l'homme ou de quartier, 7 % d'une association de défense de l'environnement), et par un univers familial socialiste (71 % d'entre eux disent être issus d'une famille proche du PS). En bref, ces nouveaux membres ayant adhéré par Internet sont bien inscrits, pour beaucoup d'entre eux, dans des milieux familiaux, associatifs et syndicaux de la mouvance socialiste. Même s'ils ne sont pas habitués à la vie du parti et qu'ils n'en ont pas incorporé les normes et les codes de fonctionnement, le décalage avec les anciens adhérents en termes de choix n'est probablement pas si important que cela.

Finalement, contrairement aux craintes d'Elmer Schattschneider et aux postulats d'un certain nombre d'autres spécialistes, les rapports entre anciens adhérents, nouveaux adhé-rents, sympathisants et électeurs potentiels ne doivent pas être interprétés seulement en termes de décalage et de compartimentage mais également de perméabilité et de circulation des opinions. Signe d'une déstructuration de l'armature partisane, ou d'une meilleure connexion avec les électeurs et d'une plus grande ouverture à l'extérieur ? En tous les cas, ce constat engage à s'interroger sur la formation et la diffusion des opinions dans un milieu sociopolitique donné, et probablement à redéfinir et réévaluer le rôle des leaders d'opinion et des débats internes dans ces processus.

—— Le pluralisme interne

Un parti politique peut être considéré comme une entreprise de mobilisation, c'est la manière dont nous venons de l'observer. Il peut être également appréhendé comme un vecteur de pluralisme. Les partis politiques expriment, fabriquent et transforment la diversité qui existe dans la société. Pour les comprendre en tant qu'organisations, il apparaît donc central de voir comment ils s'acquittent de cette tâche, autrement dit comment la diversité peut s'exprimer, quelle place on lui accorde mais également quels dispositifs la rendent possible. Sur ce point, les partis ne se ressemblent pas. En particulier, les deux cas étudiés ici illustrent des situations de départ très différentes. Les courants sont au centre du fonctionnement du PS alors même qu'ils sont fondamentalement étrangers à la culture partisane de l'UMP. Néanmoins, dans les deux partis, la situation apparaît brouillée. Non pas que de profondes transformations soient déjà à l'œuvre mais des tensions et des évolutions sont visibles : la grille de lecture par courants ne fournit pas la clé principale des dynamiques en cours chez les socialistes ; l'expression de la diversité tente difficilement de se frayer un chemin à l'UMP.

La question du pluralisme constitue une des grilles d'analyse du phénomène partisan depuis son origine. La forme moderne du pluralisme renvoyant historiquement à la constitution d'associations volontaires, les partis, reposant sur « un engagement (formellement) libre » selon la définition de Max Weber, en constituent donc bien des vecteurs essentiels. Les partis traduisent la diversité sociale dans la sphère politique, et même plus, ils contribuent – avec d'autres – à l'entretenir, ce pourquoi ils sont critiqués depuis leur origine : vecteurs du pluralisme, ils sont accusés de briser l'unité nationale et l'harmonie sociale. Mais la question du pluralisme ne se pose pas seulement à l'échelle du système partisan, elle intervient également à celle des organisations. Comment les partis organisent-ils la diversité en leur sein ? *A fortiori*, comment les partis dominants le font-ils ? Ne sont-ils pas plus sujets que les autres au fractionnalisme ? On peut raisonnablement affirmer qu'aucun parti n'est homogène, que tous peuvent être assimilés à des agrégations d'unités locales et sociales, et s'apparentent, d'une part, à des systèmes de concurrence mais également de coopération entre individus, le plus souvent constitués en équipes motivées par la conquête de postes, et, d'autre part, à des constellations de courants porteurs d'idéologies non totalement réductibles les uns aux autres. Du fait de leur taille, mais également parce qu'ils contrôlent la distribution des postes gouvernementaux et des ressources publiques, les partis dominants ont souvent été considérés comme des organisations exposées à la fragmentation. La thèse exigerait pourtant d'être sérieusement mise à l'épreuve compte tenu du fractionnalisme qui sévit fortement au sein des petites organisations en situation de marginalité. Au-delà de la variable que constitue la place occupée dans le système partisan, la manière de traiter la diversité, d'étouffer ou de mettre en scène les conflits internes, de valoriser la compétition ou le débat plutôt que l'unité et la discipline dépend des cultures partisanes et des modèles institutionnels qui les portent. Tous les partis n'accordent pas la même importance à l'expression publique de cette diversité et ne se dotent pas des mêmes instruments pour l'organiser. Pour comparer le PS et l'UMP, nous suivrons une trame temporelle en analysant d'abord les modèles forgés dans le temps long, puis les transformations visibles à moyen terme, pour évoquer enfin les enjeux soulevés dans le temps court, celui de la campagne présidentielle de 2007.

Pour saisir cet enjeu, il apparaît utile de faire référence au cadre forgé par Giovanni Sartori[19] afin justement de comprendre ce que représente le pluralisme à l'intérieur d'un parti. Ce spécialiste italien des partis a retenu deux principaux éléments pour interpréter la constitution de courants au sein d'un parti. Le premier élément renvoie aux relations de loyauté à un leader ou à des sous-leaders. En effet, les courants, les factions et les tendances engagent, depuis toujours, l'existence d'équipes qui luttent à l'intérieur du parti pour en prendre la direction. Le phénomène, quoique communément décrié, n'a rien de pathologique. Il est même consubstantiel à la vie partisane dans la mesure où les partis sont, pour une part, des organisations qui distribuent des postes, donnent accès à des positions gouvernementales et sécrètent ce que l'on pourrait appeler de l'autorité politique. Mais les mécanismes d'allégeance ou de loyauté personnelle, qu'ils soient nourris de proximité sociale, générationnelle, locale ou

---

19. *Giovanni Sartori*, Parties and Party Systems, op. cit.

d'intérêts de carrières, ne constituent pas l'unique grille de lecture de la diversité partisane. L'autre dimension que l'on doit prendre en compte, toujours selon Giovanni Sartori, est l'existence ou l'absence de différences idéologiques entre les courants. Son optique, non exempt d'une perspective normative, considère qu'un bon fonctionnement pluraliste doit associer une compétition personnelle à des divisions idéologiques. Cette superposition ouvre, en effet, la possibilité d'un choix doté de contenu idéologique ou programmatique et incarné par une personnalité. Autrement dit, l'exigence de pluralisme suppose la superposition d'une logique compétitive (une réelle concurrence entre plusieurs personnalités) et d'une logique délibérative (un débat sur le fond).

Un pluralisme présidentialisé à gauche

Dans cette logique, on peut commencer par comparer ce qui a été appelé par Angelo Panebianco[20], à la suite de Max Weber, le « modèle génétique » du PS et de l'UMP. Ces deux partis apparaissent, à l'origine, très éloignés l'un de l'autre, notamment si l'on compare la manière dont ils traitent de la diversité interne. Après une phase d'émiettement, les différents courants du socialisme français, marqués par une grande diversité idéologique, sont entrés dans un processus d'unification. Celui-ci s'est d'abord soldé par un échec : l'unification est avortée en 1899, comme le prouve « la constitution de deux partis rivaux, le Parti socialiste français de Jean Jaurès, fédératif et parlementaire, et le Parti socialiste de France de Jules Guesde, centralisé et militant[21] ». Ces deux partis, rejoints par d'autres petites formations, se sont finalement agrégés dans la Section française de l'Internationale ouvrière (SFIO) en 1905. Reste que l'unité s'est avérée problématique et que cette genèse a marqué le parti. Pour preuve, la désunion, que l'on

---

20. *Angelo Panebianco*, Political Parties. Organization and Power, *Cambridge, Cambridge University Press, 1988.*

21. *Alain Bergounioux et Gérard Grunberg*, L'Ambition et le remords. Les socialistes français et le pouvoir (1905-2005), *Paris, Fayard, 2005, p. 65.*

conjure par l'incantation de l'unité, et la recherche souvent besogneuse de la synthèse sont au cœur de la tradition socialiste française. « Le socialisme français ne s'est pas construit à la manière de son homologue allemand : son unité est le produit d'un libre contrat entre des courants qui n'avaient pas la même conception de l'organisation et du projet. Il était pluriel et il le reconnaissait en consacrant l'organisation collective des diffé-rences[22]. » Du point de vue de l'organisation, le règlement prévoyait le droit de tendance et l'adoption de la représentation proportionnelle aux voix obtenues par les différentes motions lors des congrès. Dès lors, la SFIO s'est structurée sur des tendances identifiables par des revues et des porte-parole, marquées idéologiquement et engagées dans le combat politique. En 1946, la représentation proportionnelle et l'organisation ont été provisoirement abandonnées. Mais le Parti socialiste, refondé en 1971, s'est réinscrit dans la lignée « prémolletiste ». Les courants font l'objet au PS d'une institutionnalisation réelle quoique ambiguë. En maintenant la règle du scrutin proportionnel pour la désignation des instances collectives au niveau national et fédéral, le PS fournit en effet les conditions d'une structuration par courants. Parallèlement, l'article 1.4 des statuts du Parti socialiste dispose que « la liberté de discussion est entière au sein du parti, mais nulle tendance organisée ne saurait y être tolérée », et le règlement intérieur adopté en 1978 précise « les conditions d'exercice du droit de ses adhérents de se grouper dans des tendances ». Ambiguïté institutionnelle, mais réalité des courants dans la vie interne puisque ceux-ci constituent un des principes de structuration du PS[23]. Chaque courant constitue ses réseaux, organise ses propres réunions, diffuse ses textes, et promeut ses

---

22. *Marc Sadoun,* De la démocratie française. Essai sur le socialisme, *Paris, Gallimard, 1993, p. 237.*

23. *Carole Bachelot, « La culture d'organisation au Parti socialiste : de l'explicitation à l'appropriation des normes », dans Florence Haegel (dir.),* Partis politiques et système partisan en France, *op. cit., p. 143-181.*

candidats. Le rapport de force entre courants est établi par le vote des motions au congrès. Sur cette base, les négociations et les marchandages s'effectuent entre courants dont des négociateurs gèrent les intérêts. Les systèmes d'allégeances et d'identifications sont également façonnés par la structuration par courants : être ou avoir été un ancien du Centre d'études, de recherches et d'éducation socialistes (CERES), « rocardien » ou autre, c'est avoir été socialisé et politisé dans une sous-culture spécifique, mais également être assimilé à un groupe qui vous identifie, voire vous stigmatise.

Durant la période plus récente, des transformations sont toutefois intervenues. Schématiquement, le fonctionnement par courants a été, si ce n'est remis en cause, du moins modifié au PS. En effet, si le congrès de Metz, en 1979, constitue l'apogée du fonctionnement par courants, le congrès de Rennes, en 1990, en a, en revanche, symbolisé la dérive. À Rennes, le fonctionnement du parti s'est montré corrompu à double titre : parce que la « cuisine » interne est apparue publiquement, faite de marchandages et de tractations mais également de négation évidente de la fraternité partisane – la communauté des camarades avait fait place à celle des « voyous »[24] –, et parce que les courants ne semblaient plus incarner des différences idéologiques mais s'apparentaient à des « écuries présidentielles », des clans personnels.

En réalité, depuis le congrès d'Épinay, en 1971, les enjeux de pouvoir dans le parti et de la candidature présidentielle ont été étroitement liés. Ainsi, au congrès de Metz, la défaite des courants de Pierre Mauroy et de Michel Rocard face à François Mitterrand s'est traduite directement par l'engagement pris par Michel Rocard devant le congrès de ne pas être candidat contre le Premier secrétaire du parti à l'élection présidentielle suivante. Après le congrès de Rennes, l'importance des courants s'est nettement affaiblie. D'une part, la plupart des

---

24. *Lionel Jospin avait dénoncé à cette occasion les « méthodes de voyous » des fabiusiens,* Le Monde, *15 mars 1990.*

courants historiques ont disparu depuis plus ou moins long-temps, tels que le CERES de Jean-Pierre Chevènement, désormais en dehors du parti, le courant de Michel Rocard, hors jeu après sa défaite européenne de 1994, et celui de Pierre Mauroy, retiré sur ses terres du Nord. Le courant mitterrandiste, divisé en deux depuis 1988, n'existe plus comme tel. Après 2002, au sein de la majorité, Laurent Fabius animait toujours son propre courant tandis que Dominique Strauss-Kahn a commencé à structurer le sien en incorporant une partie de l'ancien courant rocardien. Les deux motions minoritaires, celle du Nouveau Monde d'Henri Emmanuelli et celle du Nouveau Parti socialiste (NPS) d'Arnaud Montebourg et Vincent Peillon, se sont constituées en deux véritables courants de gauche, et l'enjeu européen avec le référendum de 2005 a introduit un nouvel élément de clivage politique important au sein du parti. Pourtant, la période pré-présidentielle de 2005-2006 a montré que cette nouvelle configuration des courants avait peu de fondements idéologiques et politiques solides. Le clivage européen n'a pas constitué, à l'évidence, l'articulation principale de cette configuration. Par exemple, les anciens dirigeants du courant NPS, partisans du « non » mais divisés après le congrès du Mans, se sont retrouvés pour soutenir la candidature de Ségolène Royal qui, elle, s'était prononcée pour le « oui ». Il n'en demeure pas moins vrai que pour peser à l'intérieur de l'organisation, il faut se regrouper en courant, et que rapidement cette question s'est posée pour les soutiens de Ségolène Royal : la constitution du groupe Nouvelle Voix[25], tout en refusant de s'identifier comme un courant et en réaffirmant le principe d'ouverture du parti (« La société civile rentre de plus en plus dans le parti »), pose bien les jalons nécessaires pour peser dans la vie interne du parti.

En matière de pluralisme, la véritable innovation a été l'organisation de trois débats publics entre les candidats dans le cadre des primaires socialistes. Cette injonction délibérative

---

25. Le Monde, *15 décembre 2006.*

traverse le PS, parti largement composé par des professions intellectuelles[26]. Dans le cas des primaires internes, l'organisation de débats a relevé d'une exigence louable de démocratisation, mais aussi d'un calcul moins avouable pour tenter d'affaiblir une rivale jugée moins expérimentée, moins aguerrie et moins compétente que ses concurrents. Il est certain que Ségolène Royal s'est montrée, au départ, ouvertement réticente à l'égard de l'injonction à débattre et qu'elle en a dénoncé le piège. Selon elle, le risque était collectif autant que personnel puisque le PS pouvait en sortir affaibli par l'affichage de ses dissensions. Les trois débats ont été retransmis sur La chaîne parlementaire (LCP-AN), et trois autres ont eu lieu en province, en présence de militants. D'ailleurs, le terme de « débat » est ici largement usurpé puisque les candidats ne pouvaient pas s'interpeller et que la simple possibilité pour les journalistes de les relancer n'avait été finalement obtenue que de haute lutte. Le Parti socialiste a choisi pour les diffuser une chaîne de faible audience, ce qui montre que dans cette période d'expérimentation, l'accord n'était pas unanime pour donner à ces débats internes le maximum d'écho. La préparation sourcilleuse des débats a d'abord été l'occasion d'exprimer une forte défiance. La négociation des conditions du débat a, en effet, été âpre, à l'image des débats de second tour d'une élection présidentielle : mobilisation des équipes des candidats pour obtenir un accord sur la forme de l'exercice, les temps de parole, la scénographie, etc. Au bout du compte, Ségolène Royal en a finalement tiré un bilan très positif, estimant que « ces débats, conçus à l'origine pour m'éprouver, passer du virtuel au réel, selon le mot de mes compétiteurs, ont renforcé ma légitimité et ma crédibilité. Le PS en sort grandi aux yeux des Français en ayant donné l'exemple de la transparence et de la modernité[27] ». Il est vrai que compte

---

26. *Alain Bergounioux et Gérard Grunberg*, L'Ambition et le remords, *op. cit.* ; *Rémi Lefebvre et Frédéric Sawicki*, La Société des socialistes. Le PS aujourd'hui, *Bellecombe-en-Bauges, Éditions du Croquant, 2006.*
27. Le Monde, *11 novembre 2006.*

tenu de l'écho très important de ces débats dans les médias, et du coup de l'intérêt plus général pour ces primaires socialistes, le PS et, au final, sa candidate désignée ont provisoirement marqué un point important contre leur adversaire.

Un pluralisme ébauché à droite[28]

Les partis se réclamant du gaullisme excluent ce mode de fonctionnement. Ils ont été fondés selon un modèle que l'on a pu qualifier de « charismatique », autrement dit autour d'une personnalité, le général de Gaulle, dotée de qualités jugées exceptionnelles. Ce type de fondation engendrerait un type d'organisation marquée par des phénomènes de personnalisation et des mécanismes de loyauté. L'imposante stature du fondateur viderait de sens toute velléité de remise en cause de son autorité et l'éventuelle constitution de courants ou de sous-leaders autonomes. En bref, la logique incarnative supplanterait radicalement les logiques compétitive et délibérative. De surcroît, si l'on tient compte du poids de la référence militaire dans ce modèle fondateur (non seulement parce que le fonda-teur est un général mais parce qu'une grande partie des cadres du mouvement gaulliste est issue de la Résistance), on comprend que la discipline et l'unité des troupes derrière le chef soient des valeurs célébrées. Il faut toutefois souligner que ce type d'analyse conduit à minorer l'entreprise de remise en ordre engagée dans le parti gaulliste dans les premières années de la Cinquième République. Dans ces années-là, des divisions profondes ont traversé le parti sur la politique algérienne mais également sur la conception des relations entre le parti et le gouvernement ; des conflits de tendances ont éclaté au grand jour, ils ont engendré des démissions, des exclusions et des mesures disciplinaires. Du point de vue des statuts et du fonc-tionnement interne, le scrutin majoritaire et l'absence de réelle

---

28. *Ces développements sont en partie repris de Florence Haegel,* « Le pluralisme à l'UMP. Structuration idéologique et compétition interne », dans Florence Haegel (dir.), *Partis politiques et système partisan en France, op. cit., p. 219-254.*

concurrence, quand ce n'est pas la pratique de candidature unique, au niveau national, départemental et local, ont longtemps été la règle.

Au RPR puis à l'UMP, l'organisation du pluralisme, notamment dans la perspective des échéances présidentielles, s'est opérée différemment. À partir de 1988 et de la deuxième défaite consécutive de Jacques Chirac à l'élection présidentielle, la contestation à l'intérieur du RPR a débouché sur la mise en place de canaux spécifiques, tels que le vote en congrès sur des motions ou l'élection directe du leader par les adhérents. C'est à cette occasion que s'est constitué le courant Pasqua-Séguin, qui a recueilli au congrès de février 1990 environ un tiers des suffrages des adhérents. Dans la même dynamique, pour la première fois en 1999, la compétition pour la présidence du RPR a été véritablement ouverte. L'élection de Michèle Alliot-Marie au second tour contre le candidat « officiel » qu'était Jean-Paul Delevoye est non seulement apparue comme une surprise, mais la présence en lice de sous-leaders tels que François Fillon ou Patrick Devedjian a rompu avec la norme unanimiste et plébiscitaire et a indiqué que le modèle compétitif travaillait le parti. En 2002, l'UMP a tenté de franchir une nouvelle étape en introduisant dans ses statuts une organisation en courants, d'ailleurs bien plus poussée – en termes matériels et financiers – que celle qui régit le PS. Mais les réserves, émanant de « poids lourds » du parti, ont été vives. Ainsi, Nicolas Sarkozy, dans un discours aux dernières assises du RPR, le 21 septembre 2002, a précisé « que les fameux courants ne sont pas [pour lui] la garantie de la démocratie. D'ailleurs, avoir refusé trois formations différentes pour hériter d'autant de courants ou davantage, ce serait, de [son] point de vue, cumuler les inconvénients sans les avantages ». Les atermoiements et le refus des principaux sous-leaders d'investir ce nouveau dispositif firent que l'instauration des « mouvements », après avoir été ajournée, a finalement été enterrée de fait. La mise en place d'un « forum des débats », « espace d'expression des sensibilités qui composent l'UMP », présidé par Alain Madelin, n'a été en réalité qu'un espace de discussion sur le site Internet du parti. À l'UMP, la diversité se manifeste par l'existence, selon la terminologie officielle, de « personnes morales associées » constituées soit par des anciennes formations politiques (par exemple, le Parti radical, le Centre national des indépendants et paysans – CNI – ou le Forum des Républicains sociaux de Christine Boutin), soit par des clubs ou associations loi 1901. En général, le lien d'association suppose l'existence d'un contrat de droit privé, les modalités de contribution de l'UMP au financement de ces associations étant l'objet principal de négociations, et donc variables selon les formations dans le cadre d'une baisse générale de l'enveloppe budgétaire allouée. Par ailleurs, le statut d'association permet à ces organisations de garder, le cas échéant, le contrôle de leurs adhésions et d'intervenir au cœur des logiques de dosage politique qui président à la répartition des postes. Mais, à la différence des courants, l'association ne suppose pas un débat public et un vote, elle repose sur des négociations privées et non transparentes, et débouche sur des accords particuliers et révisables. Dans un tel système, caractérisé par une très forte opacité, la direction du parti garde le contrôle et se trouve en position d'établir des relations clientélistes dans la mesure où elle peut traiter de manière différente ses interlocuteurs.

Dans ce parti, les divisions idéologiques sont moins marquées et en tout cas moins institutionnalisées qu'au Parti socialiste. Néanmoins, l'organisation d'un véritable pluralisme organisé aurait pu constituer une nouveauté. En effet, pas plus qu'une autre organisation, l'UMP n'est homogène, mais l'absence d'institutionnalisation de ces divisions les rend moins visibles. Quelques indicateurs peuvent être utilisés pour tenter de cerner les clivages internes travaillant le parti. Un premier indice de cette division potentielle peut être trouvé dans les références idéologiques mobilisées par les adhérents UMP. L'enquête, déjà évoquée, du Centre d'étude de la vie politique française (Cevipof), menée auprès des adhérents participant au congrès de novembre 2004, au cours duquel Nicolas Sarkozy a été élu président du parti, permet de préciser la place du gaullisme au sein de l'UMP[29]. Une question ouverte portant sur les « sensibilités et traditions » dont les adhérents se sentent les plus proches a, en effet, été posée et codée en fonction des traditions idéologiques évoquées. Deux références dominent : le gaullisme, cité par 34,3 % des adhérents, et le libéralisme, désigné par 33,5 % d'entre eux. À côté des deux principales manières de se définir, les qualificatifs de « gaulliste social ou de gauche » ou de « souverainiste ou nationaliste » sont cités en tant que tels par respectivement 7,6 % et 7,4 % des congressistes interrogés. Ces indications donnent la mesure de l'existence de deux traditions de pensée au sein de l'UMP et signalent que le libéralisme s'est progressivement imposé comme une référence idéologique centrale. Mais elles rappellent également que demeure une identification au gaullisme sous sa forme syncrétique et consensuelle, ou dans sa variante sociale ou souverainiste. Son audience auprès d'une partie de la population des adhérents de l'UMP, largement issue de l'ancien RPR, âgée et ayant traversé tout ou partie de l'histoire du gaullisme, est sans doute loin d'être négligeable. Toutefois, au vu de cette enquête, l'auto-identification comme « gaulliste » n'est pas plus fréquente chez les adhérents plus âgés. À la différence d'ailleurs des termes de « souverainiste » ou de « nationaliste » qui, eux, sont plus souvent revendiqués par ces derniers. Ces quelques indices invitent à se réinterroger sur les significations de ces modes d'identification au gaullisme, sur leur rôle dans la transmission politique entre générations de droite, et sur leur réinvestissement dans le combat politique au sein de l'UMP. Le sarkozysme, en puisant largement dans la pensée libérale et en innovant dans la remise en cause du « modèle social » français, soulève des controverses. Le contre-modèle s'est, pour l'instant, esquissé par touches successives à travers des positions gouvernementales et présidentielles. Mais il ne sera pas incarné dans le parti car, finalement, Michèle Alliot-Marie s'est progressivement retirée de la course présidentielle, d'abord en renonçant à se lancer dans la compétition interne à la fin du mois de

---

29. *Enquête menée auprès des participants au congrès du Bourget, le 28 novembre 2004, et qui a concerné 836 adhérents.*

décembre 2006, puis en renonçant à se présenter en dehors du parti au début du mois de janvier 2007, se ralliant à Nicolas Sarkozy à la veille du congrès de désignation.

La perspective de l'élection présidentielle de 2007 a cependant contraint l'UMP à affronter la question de son pluralisme interne. En effet, le succès des primaires socialistes a eu des effets immédiats sur ce parti. Le « débat » interne est devenu un impératif catégorique qui s'est imposé à l'UMP. Pour preuve, la conversion de Nicolas Sarkozy, qui, après avoir rejeté l'idée de primaires à l'UMP, l'a ensuite défendue, découvrant ainsi tardivement les vertus du pluralisme et du modèle délibératif : « Soyez candidats et ayons le débat le plus libre et le plus transparent, le plus loyal dans notre famille[30] », ainsi exhortait-il ses concurrents encore embusqués. Mais c'est oublier que le débat n'a justement jamais été « la tasse de thé » de cette famille-là, comme le rappelait judicieusement, quelques années auparavant, Charles Pasqua[31]. Seule Michèle Alliot-Marie, forte de sa précédente expérience en 1999, s'est profilée comme « débattrice ». À l'instar de Ségolène Royal, elle a tenté de négocier au plus près l'établissement des règles du débat, mais le rapport de force n'était pas équivalent. Le cas de l'UMP se distingue, en effet, de celui du PS sur plusieurs points. D'abord, l'impératif que représente le débat procède évidemment d'une contrainte exogène qui apparaît – comme nous l'avons déjà signalé – étrangère au modèle culturel du parti. Dans toute organisation par nature diverse, une tension existe entre une logique interne qui impose de jouer la distinction, de montrer ses différences, et une logique externe qui exige de construire l'unité. Mais cette dialectique est d'autant plus périlleuse que la diversité, et le conflit qu'elle peut générer, ne sont pas culturellement constitués en ferments d'intégration. Ensuite, le poids des règles s'avère très différent dans les deux partis : à l'UMP, toutes les règles pratiques qui encadrent le fonctionnement et la compétition internes font l'objet de négociations au cours

---

30. Le Figaro, *24 novembre 2006*.
31. Le Monde, *7 février 1990*.

même du jeu politique[32]. La codification est très faible, comme en témoignent les compromis trouvés à propos des règles de désignation du candidat présidentiel et de l'établissement d'un calendrier. Sur ce dernier point, par exemple, Michèle Alliot-Marie, favorable au fait de différer au plus tard l'engagement officiel dans la compétition, n'a pas obtenu que le congrès de désignation du candidat soit reporté au-delà du 14 janvier 2007 mais a, en revanche, obtenu que le dépôt des candidatures soit décalé à la fin du mois de décembre 2006. Ce rapport particulièrement relâché aux règles témoigne d'une encore faible institutionnalisation de ce parti. Enfin, le calendrier de l'UMP inverse l'ordre des séquences par rapport à celui du PS : alors que les débats se déroulaient entre prétendants socialistes déclarés à l'investiture, les « débats » à l'UMP ont précédé pour certains des candidats potentiels les déclarations officielles de candidature. L'ensemble de ces éléments témoigne, à l'UMP, de résistances fortes au pluralisme dans sa dimension compétitive autant que délibérative. De ce point de vue, l'existence ou non de primaires dans ce parti constituait un enjeu déterminant dans la mesure où il pouvait marquer un point d'inflexion ou une nouvelle preuve de la persistance d'une forte résistance.

Finalement, le projet de primaires à l'UMP n'a pas fait long feu et ce parti ne tire pas de son *ersatz* de débat le profit qu'a tiré le Parti socialiste de ses primaires. Face à Ségolène Royal qui venait d'obtenir une victoire à l'issue d'une véritable compétition, Nicolas Sarkozy, certain d'obtenir un score « à la soviétique » du fait de l'absence de compétition interne et conscient des inconvénients d'une désignation obtenue dans de telles conditions, a tenté d'instaurer un processus véritablement compétitif. Cette tentative s'est heurtée aux résistances culturelles importantes du parti, mais a finalement été soutenue par ceux qui, tout en ne souhaitant pas une hégémonie « sarkozienne » sur le parti, ont refusé en même temps l'affaiblissement de l'organisation partisane qu'ils ont contribué à

---

32. *Frederick George Bailey,* Les Règles du jeu politique, *Paris, PUF, 1971.*

créer et dont ils pourraient éventuellement un jour utiliser les ressources à leur profit, tels Alain Juppé et Jean-Pierre Raffarin. Dans ces conditions, ces leaders ont décidé de soutenir l'idée de primaires et leur codification, délégitimant ainsi par avance toute candidature extérieure au parti d'un membre de l'UMP. Ainsi, Jean-Pierre Raffarin déclarait[33] : « Tout le monde est concerné par la règle commune de l'UMP [...]. Il n'y a pas de militant politique qui puisse se libérer de la règle commune ». Alain Juppé renchérissait[34] : « Il y a le temps du débat, il y aura le temps de la décision, puis le temps de la campagne. J'ai appelé chacun et chacune à respecter les règles de bonne conduite. J'ai confiance que chacun aura à cœur de respecter cette décision et que tous seront rassemblés autour de notre candidat ». Dans cette situation nouvelle, le score de 98 % des votants obtenu par Nicolas Sarkozy le 14 janvier 2007 ne présente pas les mêmes inconvénients que s'il n'avait pas pu rassembler en même temps autour de lui, outre la grande majorité des adhérents, les leaders historiques de l'UMP. Cette fois-ci, et grâce à ce simulacre de primaires, Nicolas Sarkozy a renforcé sa légitimité à l'intérieur de son camp, sauf peut-être aux yeux de Jacques Chirac et de Dominique de Villepin...

Les récentes dynamiques qui animent le PS comme l'UMP vont d'abord dans le sens d'une transformation du lien d'adhésion, désormais plus flexible mais peut-être également plus intermittent. À l'avenir, la courbe des adhérents pourrait être en dents de scie avec une hausse « saisonnière » des membres dans les cas où un enjeu interne, et en particulier celui qui porte sur la désignation du candidat présidentiel, se profilerait. Ces évolutions posent la question de la mutation de la forme partisane, si l'on veut bien reconnaître que la nature du lien d'adhésion en constitue une composante essentielle. Elles heurtent davantage la culture partisane socialiste que celle de l'UMP. Dans la période récente, les transformations en cours semblent

---

33. Le Figaro, *8 décembre 2006.*
34. Le Figaro, *21 décembre 2006.*

avoir joué plutôt dans le sens d'une plus forte perméabilité ou connexion avec les électeurs. L'hybridation entre contrôle par les membres et perméabilité aux électeurs est croissante. Dans tous les cas, on ne peut se contenter d'analyser ces évolutions en termes manichéens pour glorifier un âge d'or dont on peut douter qu'il ait existé, ou dénoncer un inévitable décalage alors même que les nouveaux adhérents sont, pour une part, inscrits dans des milieux proches des partis concernés. La multiplication et la gradation des liens avec un parti invite surtout à s'interroger sur les processus sociaux de formation et de circulation des opinions et sur l'éventail des rôles de ceux que l'on a coutume d'appeler, depuis les études de Paul Lazarsfeld[35], des leaders d'opinion. Les dynamiques organisationnelles en cours ont également soulevé la question du lien entre la question des primaires internes et l'enjeu que constitue l'expression de la diversité à l'intérieur d'un parti. Dans les deux partis étudiés, la connexion entre les lignes de fracture fondatrices du pluralisme interne et les allégeances présidentielles apparaît très imparfaite : au PS du fait de sa déstructuration, à l'UMP du fait de sa faible structuration.

---

35. *Elihu Katz et Paul F. Lazarsfeld,* Personal Influence. The Part Played by People in the Flow of Mass Communications, *Glencoe (Ill.), Free Press, 1955.*

Chapitre 3

La dynamique *de l'offre politique*

Le cheminement que nous avons emprunté partait du système partisan, autrement dit de la structure et de la dynamique des relations entre les partis. Il est passé par les organisations, saisies essentiellement à partir des processus de mobilisation et d'expression de la diversité interne. Il débouche sur les produits fabriqués par les partis, autrement dit sur ce que l'on appellerait en anglais les « *outputs* » partisans. Les partis contribuent à produire du politique. Cette affirmation ne nie pas le fait qu'ils fabriquent également des « produits dérivés », par exemple, de la sociabilité. Surtout, elle n'équivaut pas à considérer qu'ils sont en situation de monopole dans cette tâche. Les associations ou les syndicats, quand ils se mobilisent sur un enjeu, et les acteurs publics, quand ils mettent en œuvre des politiques sectorielles, participent également au processus de politisation. Il n'en demeure pas moins vrai que les partis restent au cœur des logiques de la compétition politique et, qu'à ce titre, on doit observer leur contribution spécifique à la production du politique. Qu'est-ce que « produire du politique » ? De quelle manière les partis, dans le cadre d'une campagne présidentielle, s'acquittent-ils de cette tâche ? Sans entrer, dans le cadre de ce court essai, dans le débat sur ce qu'implique la politisation, entendue comme un type spécifique de qualification du social, il est toutefois nécessaire de rappeler que la politisation suppose à la fois la construction d'un lien de délégation ou d'autorité et la constitution de clivages. Dans le processus de l'élection présidentielle, les produits politiques les plus évidents et les plus immédiats sont les candidats et les discours et les programmes. Mais, en arrière-plan, sont à l'œuvre des processus structurants tels que la construction d'une autorité politique ou la définition de clivages politiques. Certes, l'élection présidentielle ne structure pas à elle seule le jeu politique et n'induit pas tous les changements politiques en cours. Plus largement, la politique ne se réduit pas aux consultations électorales, aussi importantes soient-elles, puisqu'elle implique bien plus largement des phénomènes de socialisation et de mobilisation qui dépassent le domaine spécialisé de la compétition électorale. Ensuite, même si l'on se focalise sur la compétition électorale, l'élection présidentielle et son appréhension à l'échelle nationale n'épuisent pas la variété des situations locales dans lesquelles s'enracine le politique. Il n'en demeure pas moins vrai que ce qui se joue dans l'élection présidentielle de 2007 nous semble mériter une attention toute particulière, dans la mesure où elle donne une vision claire des tensions et des transformations également repérables à d'autres échelles ou à d'autres moments. D'un certain point de vue, nous considérons que l'élection présidentielle, par sa place dans le dispositif institutionnel, par son importance au regard des stratégies déployées par les acteurs politiques, mais également par la médiatisation dont elle fait l'objet, peut constituer un miroir grossissant d'un certain nombre de transformations de l'offre politique. Nous avons souligné à plusieurs reprises le rôle de catalyseur de certaines dynamiques que joue cette élection. Les thématiques de la politique de proximité ou de la démocratie participative ont d'abord été forgées au niveau local, elles changent aujourd'hui d'échelle dans le cadre présidentiel à travers la rhétorique de Ségolène Royal. De même, si la question de la place des femmes en politique est depuis les élections municipales de 2001 au cœur de la confection des listes locales, elle fait irruption dans l'élection présidentielle de 2007.

La première partie de cet ouvrage se situait dans le temps relativement long des dynamiques d'un système partisan, la deuxième partie avait déjà réduit l'intervalle puisqu'elle s'inscrivait dans le temps des transformations récentes des organisations partisanes. La troisième s'inscrit résolument dans le temps court d'une campagne électorale. Le risque de saisir « à chaud » la campagne présidentielle de 2007 est certainement de se laisser porter par le flux continu des événements et de leurs commentaires. Pour affronter l'actualité, il nous paraît utile d'orienter notre réflexion à partir de deux notions qui constituent deux des principaux ressorts des processus politiques : la construction de formes d'autorité et de délégation, d'une part, et celle de clivages politiques, d'autre part. S'agissant du premier point, les enjeux relèvent à la fois de l'articulation entre *leadership* partisan et national et, plus globalement, du registre même sur lequel se fonde l'autorité politique. Quant au deuxième point, il s'agit de montrer que la politique ne se nourrit pas seulement des divisions qui traversent la société mais qu'elle les filtre, les transforme, les simplifie, voire les brouille à dessein.

—— La production d'autorité politique

La politisation suppose la construction et l'incarnation d'une autorité : autorité du souverain, de l'État, du peuple, de l'élu, etc. Au cœur du politique se trouvent des processus de délégation plus ou moins transformés, complétés, certains diraient masqués, par des processus de participation. Dans une démocratie représentative, les partis contribuent à sécréter cette double relation. Comme nous avons déjà eu l'occasion de le dire, les partis politiques sont conjointement des agents de mobilisation et de délégation. Nous avons évoqué précédemment les mutations de la mobilisation partisane. Quelles sont les dynamiques à l'œuvre aujourd'hui dans la production d'autorité politique ? Position de parti dominant, vocation gouvernementale et incarnation présidentielle : ces éléments pèsent sur la production des candidats socialistes et UMP. Pour les partis dominants, l'enjeu que constitue la fabrication de cette autorité politique, de ce *leadership*, apparaît particulièrement saillant. Ces partis ont d'abord en commun le fait de considérer comme un impératif catégorique la conquête et l'exercice du pouvoir. S'agissant de l'UMP, cet impératif est assumé sans aucune ambiguïté. Au PS, compte tenu de l'histoire plus tourmentée à l'égard de la conquête du pouvoir dont ce parti est porteur, il reste quelques traces rhétoriques d'une gêne à (s')avouer cet objectif. Ainsi, quand Ségolène Royal parle de « devoir de victoire » dans le titre de sa profession de foi à l'investiture socialiste, on peut l'interpréter comme une manière de retourner un possible stigmate en se situant sur le registre moral. Cet impératif de victoire est d'ailleurs au fondement même de l'utilisation des sondages comme source de légitimation : être le mieux placé dans les sondages ne peut constituer une ressource décisive dans la compétition interne que si l'on s'accorde sur cette hiérarchisation des objectifs. Deuxièmement, ces partis et leurs candidats partagent une même reconnaissance de leur vocation gouvernementale. La mise en avant d'une crédibilité gouvernementale est, de ce point de vue, essentielle. Elle joue sur les trajectoires et les expériences passées (les postes ministériels occupés) des candidats. Par exemple, la tentative de dévalorisation de la candidature de Ségolène Royal a, pour partie, porté sur le fait qu'elle n'avait pas occupé de « grand » poste ministériel, contrairement à ses concurrents socialistes. La crédibilité gouvernementale a également partie liée avec l'insistance mise par les candidats à valoriser l'action publique. Troisièmement, l'incarnation présidentielle introduit une dernière dimension qui ne se réduit pas à la crédibilité gouvernementale. Dans un régime présidentiel ou semi-présidentiel, le président incarne l'autorité politique. Vouloir incarner la fonction présidentielle impose des codes dont on peut d'ailleurs se demander s'ils ne sont pas en train de se modifier.

L'ensemble de ces questions pèse sur le processus de fabrication de l'image des candidats présidentiels, mais il nous semble que Nicolas Sarkozy et Ségolène Royal y répondent de manière très différente. Certes, on trouvera, ici encore, des points communs liés probablement au fait qu'ils sont soumis aux mêmes contraintes et injonctions, mais ce qui les distingue apparaît plus clairement que ce qui les rapproche. En effet, ils incarnent différents types de relations entre le *leadership* politique et le *leadership* partisan. De ce point de vue d'ailleurs, l'asymétrie entre la gauche et la droite apparaît non seulement forte mais s'établit à front renversé : le candidat de la droite a un profil plus partisan que la candidate de gauche. Un deuxième élément de preuve renvoie plus spécifiquement au type même d'autorité politique. Les deux candidats jouent sur des registres radicalement différents dans la mesure où Ségolène Royal a construit son image sur des formes d'occultation, d'euphémisation ou de dérivation du principe même de délégation et d'autorité politique, alors que Nicolas Sarkozy fonde son projet de « redonner sens au politique » sur les principes de responsabilité et de délégation.

Leadership *partisan et candidature présidentielle*

Contrairement aux régimes parlementaires, où le lien entre le candidat à l'exercice du pouvoir gouvernemental et le chef du parti est établi, la France, en raison du caractère hybride de ses institutions, se trouve dans des situations plus ambiguës et fluctuantes. Dans une logique parlementaire, le candidat présidentiel fonde sa légitimité sur sa position de leader du parti ; dans une logique présidentielle, il la fonde aussi, et parfois surtout, en dehors ou en marge du parti. On peut ainsi distinguer historiquement différents types de candidatures. La première correspond à la situation où le président en exercice est en situation d'être candidat à sa propre succession. Dans ce cas, l'autorité présidentielle est évidemment prééminente (c'est le cas de François Mitterrand en 1988 ou de Jacques Chirac en 2002), le parti ne joue pas un rôle important dans la mesure où aucun de ses membres ne défie le président sortant. Hormis ce cas particulier, le jeu est plus ou moins ouvert selon que le *leadership* partisan est plus ou moins fortement établi, et que le dirigeant du parti dispose dans le parti et en dehors des soutiens nécessaires pour se porter candidat. De ce point de vue, on peut considérer qu'il existe aujourd'hui une asymétrie entre le PS et l'UMP. François Hollande a pu assurer sa position de Premier secrétaire par ses capacités à maintenir un équilibre précaire entre les différentes forces constitutives du parti, à garantir l'unité par le compromis et la synthèse, mais son autorité n'a pas été établie de manière assez solide pour lui permettre de se présenter au vote de désignation interne. Nicolas Sarkozy, quant à lui, a réussi à conquérir le parti et à y consolider son autorité en deux ans. Dès lors, on se trouve aujourd'hui, à droite et à gauche, dans des situations fort différentes du point de vue de l'articulation entre *leadership* partisan et *leadership* présidentiel. À droite, la configuration renvoie pour partie à la logique parlementaire : le candidat est le leader du parti. À gauche, ce n'est pas le cas.

Pour les socialistes, cette complexité de la constitution du *leadership* partisan n'est pas radicalement nouvelle. Le bicéphalisme a longtemps caractérisé la configuration du pouvoir au PS. La figure publique du leader était celle du grand parlementaire, Jean Jaurès ou Léon Blum, tandis que la direction de la machine partisane était confiée à une autre personnalité, plus tournée vers l'intérieur du parti. Sous la Quatrième République, Guy Mollet avait fini par cumuler les deux charges. Le changement de régime en 1958 et la révision constitutionnelle de 1962 ont, bien sûr, modifié la situation en introduisant la dimension présidentielle. Désormais, la question d'un éventuel bicéphalisme de la direction du parti est liée à la non-concordance automatique entre la direction du parti et la candidature présidentielle. Par exemple, en 1995, alors qu'Henri Emmanuelli, Premier secrétaire du parti depuis l'année précédente et soutenu par le courant de Laurent Fabius, briguait l'investiture présidentielle, Lionel Jospin se porta également candidat devant les adhérents et gagna l'investiture. Ainsi, la direction – formelle ou réelle – du parti, à la différence de la situation de la plupart des partis socialistes dans les démocraties de type parlementaire, ne qualifie pas automatiquement pour la candidature à la direction du pouvoir exécutif. Après sa défaite honorable à l'élection présidentielle de 1995, Lionel Jospin se vit offrir par Henri Emmanuelli la direction du parti. Cette fois-là, ce n'était plus la prise du pouvoir dans le parti qui permettait d'obtenir la désignation comme candidat à l'élection présidentielle mais l'inverse : le statut de bon candidat présidentiel donnait la direction du parti. En 2006, le rôle des sondages a été particulièrement net et s'est joué en deux temps.

Le premier temps a couvert la période précédant le dépôt des candidatures auprès du parti. Les aspirants candidats ont pris en compte les tendances dégagées par les sondages et leurs appuis dans le parti pour décider ou non d'être officiellement candidats à la candidature. François Hollande, Lionel Jospin, Martine Aubry et Jack Lang ont finalement jeté l'éponge. Le travail de décantation des pré-primaires socialistes a ramené de près de dix candidats potentiels à trois le nombre de candidats officiels à la candidature. Le second temps a été celui des primaires elles-mêmes, depuis l'ouverture de la campagne interne jusqu'au vote des adhérents. Les sondages ont été relayés à l'intérieur du parti par les dirigeants des fédérations, dont beaucoup se sont progressivement ralliés à la candidature de Ségolène Royal, témoignant ainsi d'une forme de perméabilité des cadres du parti aux influences extérieures.

En réalité, dans les deux cas, au PS comme à l'UMP, le candidat finalement choisi a bien été celui que les sondages plaçaient en tête des souhaits des Français. En effet, au mois d'octobre 2006, Nicolas Sarkozy et Ségolène Royal disposaient d'un écart en leur faveur considérable sur leurs concurrents respectifs éventuels dans les intentions de vote au premier tour de l'élection présidentielle (tableaux 5 et 6). Cet écart était cependant moins important pour Ségolène Royal que pour Nicolas Sarkozy. En effet, en octobre 2006, Ségolène Royal devançait de plus de 14 points Laurent Fabius et de presque 10 points Dominique Strauss-Kahn (tableau 6). À la même date, Nicolas Sarkozy distanciait Dominique de Villepin de 18 points et Michèle Alliot-Marie de 19 points. Cet avantage moindre de Ségolène Royal peut s'expliquer, en partie, ainsi : à la date de l'enquête, ses deux concurrents avaient déjà annoncé leur candidature et l'avaient rendue visible, et la certitude de la victoire dès le premier tour de la candidate à l'issue des primaires socialistes n'était pas absolue. En revanche, à l'UMP, Nicolas Sarkozy était le seul candidat officiel – il l'est resté – et il avait réussi depuis longtemps à imposer l'évidence et la crédibilité de sa candidature et la quasi-certitude de sa désignation.

Tableau 5

Intentions de vote au premier tour de l'élection présidentielle de 2007 selon le candidat socialiste

en %	Ségolène Royal	Laurent Fabius	Dominique Strauss-Kahn
Arlette Laguiller	3	5	5
Olivier Besancenot	5	9,5	7,5
Marie-George Buffet	3	4	4
Candidat du PS	29,5	15	20
Dominique Voynet	2	3,5	3,5
François Bayrou	7	9,5	8
Nicolas Sarkozy	38	39	39
Philippe de Villiers	3	3,5	3
Jean-Marie Le Pen	9,5	11	10
Total	100	100	100

Sources : Enquête TNS Sofres-Unilog réalisée les 4 et 5 octobre 2006 pour RTL, *Le Figaro* et LCI auprès d'un échantillon national de 1 000 personnes représentatif de l'ensemble de la population âgée de 18 ans et plus, interrogées par téléphone. Méthode des quotas (sexe, âge, profession du chef de ménage PCS) et stratification par région.

Tableau 6

Intentions de vote au premier tour de l'élection présidentielle de 2007 selon le candidat UMP

en %	Nicolas Sarkozy	Dominique de Villepin	Michèle Alliot-Marie
Arlette Laguiller	3	3	3,5
Olivier Besancenot	4	5	5
Marie-George Buffet	2	2	2
Ségolène Royal	34	39	40
Dominique Voynet	1	3	2,5
François Bayrou	7	11	10
Candidat UMP	36	18	17
Philippe de Villiers	2	5	5,5
Jean-Marie Le Pen	11	14	14,5
Total	100	100	100

Sources : Enquête TNS Sofres-Unilog réalisée les 12 et 13 octobre 2006 pour RTL, *Le Figaro* et LCI auprès d'un échantillon national de 1 000 personnes représentatif de l'ensemble de la population âgée de 18 ans et plus, interrogées par téléphone. Méthode des quotas (sexe, âge, profession du chef de ménage PCS) et stratification par région et catégorie d'agglomération.

La construction d'une autorité politique

Les relations que les candidats entretiennent avec leur parti ne sont évidemment pas seulement la résultante des enquêtes d'opinion. Elles dépendent aussi de leur enracinement partisan, de leur carrière politique et de la manière dont ils se situent publiquement par rapport aux programmes et projets de leur organisation, quel que soit le degré de liberté qu'ils s'octroient dans leur communication externe. Ainsi, à rebours de l'image d'une droite rétive à tout encadrement partisan et génétiquement marquée par l'institution présidentielle, la constitution d'un *leadership* de droite s'est fortement enracinée dans le cadre partisan. La construction de l'autorité de Jacques Chirac en a fourni jadis un bel exemple. Nicolas Sarkozy doit également être considéré comme un « pur » produit partisan. Il a franchi tous les degrés d'un cursus partisan classique. Engagé, dès 1974, à l'UDR puis au RPR, il a occupé successivement tout l'éventail des postes qu'offre un parti : secrétaire de circonscription, représentant des jeunes, secrétaire général adjoint chargé des fédérations, secrétaire général, président par intérim après la démission de Philippe Séguin pendant la campagne européenne de 1999. Affaibli par le faible score de sa liste RPR-DL à ces élections (en troisième position avec 12,8 % des suffrages), il a renoncé provisoirement à la conquête de la présidence du RPR. Quelques années plus tard, en novembre 2004, après la démission d'Alain Juppé, il a été élu président de l'UMP par les adhérents, recueillant 85,09 % des suffrages exprimés. Son investissement partisan et le fait qu'il ait choisi la conquête de l'UMP pour asseoir sa stratégie présidentielle indiquent sa compréhension du rôle crucial joué par le parti dans la sélection des candidats et les chances de victoire. La trajectoire de Ségolène Royal semble contraster avec celle de son principal concurrent dans la mesure où elle n'a jamais occupé de poste de direction au sein du Parti socialiste et que sa candidature est apparue dans un premier temps largement extérieure à son parti. Sa trajectoire politique s'est opérée en marge de celui-ci. Sa stratégie n'a pas consisté à investir le parti mais à le contourner puis à l'utiliser. De manière significative, par exemple, elle n'est pas intervenue publiquement au congrès du Mans en novembre 2005. Ses réticences à prendre la parole dans l'arène partisane, l'impression qu'elle donne de ne pas maîtriser ou de ne pas apprécier les codes du parti quand elle les utilise témoignent de ce décalage. Son investissement à l'échelle régionale et la conquête en 2004 de la région Poitou-Charentes lui ont permis de jouer pleinement sur le registre rhétorique de la proximité des citoyens et du local. Son implantation régionale l'autorise à incarner la « France profonde » et contraste avec celle de son concurrent UMP, dont la longévité de l'implantation dans les Hauts-de-Seine et à Neuilly-sur-Seine ne lui permet pas de mobiliser ce registre. Peu présente chez Nicolas Sarkozy, la « métaphysique de la terre »[1], figure imposée de la politique française dans la plus pure tradition pompidolienne, chiraquienne et mitterrandienne, est au cœur de la rhétorique de sa concurrente socialiste.

Pour autant, si sa relation au parti est moins claire que celle de Nicolas Sarkozy, Ségolène Royal n'en est pas moins le produit d'un parti présidentiel. Sa carrière a débuté par le haut, même si elle met aujourd'hui en avant une légitimité politique construite par le bas. Diplômée de l'École nationale d'administration (ENA), elle est entrée directement à l'Élysée dans l'entourage de François Mitterrand dès 1982, puis à l'Assemblée nationale et, plus tard, au gouvernement de Lionel Jospin. Elle est une militante socialiste depuis son entrée en politique et elle revendique à la fois son appartenance à la génération Mitterrand et à son parti. Son compagnon est le Premier secrétaire du Parti socialiste et, quelle que soit l'ambiguïté des relations que crée cette situation, elle a profité dans la phase de désignation à la fois de la neutralité active de celui-ci et du renfort rapide d'une partie de l'équipe dirigeante de la rue de Solférino. Cette situation favorise une sorte de division du

---

1. *Gérard Grunberg et Zaki Laïdi,* Sortir du pessimisme social. Essai sur l'identité de la gauche, *Paris, Hachette / Presses de Sciences Po, 2007.*

travail entre elle et le Premier secrétaire, dont on ne sait pas toujours si elle est concertée, et donc productive, comme en ont témoigné ses déclarations à propos des impôts, après que François Hollande ait présenté dans un entretien au *Monde*[2] la politique fiscale socialiste. Mais de toute manière, Ségolène Royal a bénéficié à l'évidence de son insertion au sein du Parti socialiste.

La relation que chacun des candidats entretient avec le programme est un indicateur complémentaire du lien qu'il a noué avec le parti qui le soutient. Dans le cas de Nicolas Sarkozy, sa maîtrise de la confection du programme a été totale, même si son élaboration a constitué un processus complexe au cours duquel des acteurs et des groupes éloignés de la sphère partisane ont été mobilisés, et même si, au bout du compte, les adhérents ont été consultés. Comparé au projet socialiste, le projet législatif de l'UMP constitue un véritable programme comprenant une série de mesures précises et servant de base pour les propositions du candidat Sarkozy. En effet, même si le responsable, François Fillon, croit bon de souligner qu'il est normal que le projet présidentiel puisse se décaler du projet législatif et que les propositions du candidat ne soient pas exclusivement celles du parti, la différence est pour le moment ténue. Ainsi, à la question de savoir si son programme est celui de l'UMP, Nicolas Sarkozy répond lors de l'interview accordée à la presse quotidienne régionale et dévoilée par *Libération* le 30 novembre 2006 :

> « Lionel Jospin avait dit, en 2002, que son programme n'était pas socialiste. L'électorat socialiste l'a "compris". Il n'a pas voté pour lui. Qu'on ne compte pas sur moi pour tenir un discours qui ne soit pas fidèle aux valeurs de la droite et du centre. J'aime mon pays, je crois aux vertus du travail, du mérite, de la récompense et de l'effort. Mais je ne suis pas un conservateur car je crois au mouvement. »

---

2. Le Monde, *19 décembre 2006.*

La position de Ségolène Royal à l'égard du projet socialiste apparaît radicalement différente. Non seulement elle n'en a pas maîtrisé l'élaboration, mais elle ne l'a guère influencé – ou seulement à la marge –, s'étant peu investie dans les débats internes. Dans la compétition interne, il lui a fallu se l'approprier, au moins en partie. Subissant à un certain moment de la précampagne les attaques plus ou moins voilées d'un Lionel Jospin qui faisait encore planer le doute sur sa candidature, elle déclarait que son programme était socialiste, réponse de la bergère Ségolène au berger Lionel, qui en 2002 avait déclaré que son programme n'était pas socialiste. Mais elle a toujours, de fait, marqué ses distances avec le projet socialiste, entraînant à plusieurs reprises une polémique sur la question de la carte scolaire, de l'évaluation des 35 heures ou de la mise sous tutelle des allocations familiales, etc. Candidate longtemps sans programme et qui semblait vouloir différer le plus longtemps possible l'affichage de celui-ci, jusqu'à l'élaboration et la présentation de son « Pacte présidentiel » au meeting de Villepinte le 11 février 2007, elle a été inévitablement confrontée à la difficulté que constitue l'explicitation du rapport qu'elle entretient avec le projet socialiste. Pouvait-elle conserver cette stratégie d'une campagne sans programme au motif que la fonction programmatique est aujourd'hui désuète et que la crise de confiance ne pourra se résoudre que par la mise en avant d'une relation personnelle avec les électeurs ? Pouvait-elle tenir cette ligne alors qu'elle est soutenue par un parti qui a longtemps vécu au rythme de l'élaboration de textes de synthèse et de projets ? Pouvait-elle faire face à ses adversaires, au sein ou en dehors du parti, qui n'auraient pas manqué de relever les écarts éventuels entre ses propositions et la lettre du projet socialiste ? La réponse est donnée lors de l'émission télévisée « J'ai une question à vous poser », le 19 février 2007, par l'insistance à mettre en avant son « pacte » mais également à personnaliser ses propos.

Si l'on observe maintenant la manière dont les deux candidats construisent leur légitimité, dans les deux cas, celle-ci est associée à la valorisation du pragmatisme comme méthode de gouvernement. Le pragmatisme est constitué en discours de la méthode par Ségolène Royal ; il est également revendiqué par Nicolas Sarkozy. Les deux candidats affichent tous deux leur volonté de ne pas faire de l'idéologie. Cette volonté se manifeste chez Nicolas Sarkozy par son insistance à détacher le gaullisme de toute référence idéologique, mais surtout par son souci de se démarquer du libéralisme en tant qu'étiquette idéologique, alors que, sur bien des aspects, le programme législatif de l'UMP peut être qualifié de libéral. Lors d'un Forum de l'Union de l'UMP[3], il rappelle, avec une certaine véhémence : « Je ne veux pas que nous soyons réduits au seul libéralisme parce que nous sommes pragmatiques ».

Ségolène Royal, face aux critiques que soulèvent certaines de ses propositions telles que « l'encadrement militaire des délinquants » ou les « jurys citoyens » et aux accusations de contradiction ou de flou, se justifie ainsi : « Il n'y a aucune contradiction. Je ne suis pas dans la politique traditionnelle du tout ou rien. La politique a trop souffert de l'obstination des décideurs qui ont peur parfois de s'adapter ou d'ajuster les choses[4] ». En réagissant ainsi, les deux principaux candidats entendent se placer du côté non pas des idées mais des actions, non pas de l'abstrait mais du concret. Mais ils veulent également signifier qu'ils n'ont pas de réponses toutes faites et de solutions préétablies : ce qui « marche » est ce qui doit être valorisé. À ce propos, ils utilisent des expressions similaires : Ségolène Royal propose de faire de la politique « par la preuve » – l'Europe par la preuve –, Nicolas Sarkozy prône de son côté « l'expérience du terrain » et la « culture du résultat »[5]. Toutefois, ils se distinguent radicalement quant au rôle qu'ils s'attribuent à eux-mêmes pour atteindre cet objectif. Ségolène Royal s'appuie sur la méthode participative, revendique l'écoute qui débouche, au moins dans un premier temps, sur une forme d'occultation ou de dérivation de l'autorité politique. Nicolas

---

3. *Forum de l'Union, Paris, 12 décembre 2006.*
4. Le Monde, *11 novembre 2006.*
5. *Nicolas Sarkozy,* Témoignage, *Paris, XO Éditions, 2006.*

Sarkozy revendique, quant à lui, le fait de fournir des réponses et des propositions précises et en appelle à la responsabilité politique. S'opposent ici deux modèles différents de construction d'une autorité politique légitime.

Ségolène Royal a longtemps occulté le principe d'autorité et peut-être même de responsabilité politique derrière ce qu'elle appelle l'expertise citoyenne. Pas véritablement de programme mais des valeurs. Les réponses, elle ne les a pas, seule la consultation des citoyens les lui fournira. Son texte programmatique sera alimenté par les forums participatifs. Dès lors, elle s'efface le plus souvent derrière « l'intelligence collective d'un peuple majeur auquel [elle] fai[t] appel[6] ». Reçue au journal de 20 heures de TF1 le 20 novembre 2006, à Patrick Poivre d'Arvor qui s'interroge sur sa « campagne participative » et lui demande si « un leader, ce n'est pas plutôt diriger, entraîner les autres », Ségolène Royal répond :

> « Un leader, ça doit considérer qu'il ne sait pas tout tout seul. Et qu'en voilà assez des politiques qui assènent sur la tête des autres ce qu'il faut penser, ce qu'il faut dire et ce qu'il faut faire. Moi, je considère que la politique doit changer, donc qu'elle doit aussi tenir compte de l'intelligence collective des gens. Et que les gens qui ont des problèmes ou ceux qui ont des espoirs, des projets, qui ont envie d'aller de l'avant sont finalement les meilleurs connaisseurs de ce qui les concerne. Après cette phase d'écoute où les gens ont le sentiment d'avoir participé aux décisions qui les concernent dans un certain nombre de domaines, à ce moment-là, le responsable politique décide, il choisit, mais il explique au nom de quelles valeurs et pour quelles raisons il propose les décisions qu'il va prendre. »

La fin de sa réponse relève, plus classiquement, du principe représentatif qui réaffirme une forme d'autonomie du responsable politique qui, après une phase de concertation, tranche et justifie ses choix. Mais, en réalité, la candidate socialiste

---

6. Le Monde, *11 novembre 2006.*

marginalise le plus souvent la logique représentative au profit d'une logique incarnative. Si Ségolène Royal veut incarner la France, elle ne le fait pas sur le mode du surplomb (« je suis au-dessus de vous ») mais sur celui de l'identification (« je suis comme vous »)[7]. Ce principe d'identification se retrouve dans l'ensemble de sa campagne de communication et, par exemple, dans la première affiche de sa campagne où elle est photographiée au milieu de la foule : une femme comme les autres, parmi les autres. Elle ne s'adresse pas à la gauche d'abord, mais au peuple français, « aux millions d'ouvriers, d'employés, de salariés mais aussi d'artisans, de commerçants, de petits agriculteurs qui forment l'immense majorité du peuple français ». Différente des autres hommes ou femmes politiques, elle apparaît sans doute à une partie des Français moins comme leur représentante politique que comme leur intercesseur. De ce point de vue, on peut considérer que Ségolène Royal a choisi dans un premier temps d'escamoter la relation de délégation et d'autorité politique. Bien entendu, cette tentative relève de la construction de sa légitimité de candidate et ne dit rien sur son action politique passée en tant que ministre, ou présente, en tant que présidente de région, ni sur l'exercice de ses éventuelles responsabilités futures.

Nicolas Sarkozy, pour sa part, s'est façonné une légitimité radicalement différente. À partir du même pragmatisme, il met en avant un volontarisme fortement personnalisé et assume sans états d'âme la figure du responsable politique, fondant sa crédibilité sur les solutions qu'il propose et l'autorité qu'il incarne. La volonté est pour lui au principe même du politique. Source de son engagement personnel puisque les premiers mots de *Témoignage* – « D'aussi loin que je me souvienne, j'ai toujours voulu agir » – justifient son engagement politique personnel. Il fait ainsi référence à la tradition gaulliste jusqu'à présent rarement mobilisée. Dans son discours prononcé à Saint-Étienne le jour anniversaire de la mort du général de

---

7. *Gérard Grunberg et Zaki Laïdi,* Sortir du pessimisme social, *op. cit., p. 198.*

Gaulle[8], il donne sens à cette filiation en déclarant – faisant ainsi écho pour l'occasion à des figures de style propres à la « langue gaulliste » : « Il nous a appris que dans le monde tel qu'il est, la France ne peut continuer d'exister que si elle le veut et que face au déclin de la France on n'a jamais le droit de répondre : "je n'y peux rien" ». La volonté s'accompagne d'une obsession du mouvement. D'où l'activisme, la recherche d'une forme d'ubiquité, la présence médiatique continue, etc. Cette volonté doit s'incarner dans un chef qui montre le chemin et propose des solutions. À la différence de Ségolène Royal à ses débuts, Nicolas Sarkozy met en avant sa responsabilité et son autorité politiques ; ses discours dénotent une forme d'hypertrophie du « je », que Ségolène Royal a fini par imiter. Ses convictions, sa vision du monde, sa vérité, son énergie sont au cœur d'une rhétorique politique qui s'articule sur le « je » : « je pense », « je propose », « je veux », « je n'accepte pas » et même « j'affirme ». Cette affirmation du moi revêt chez Nicolas Sarkozy un aspect particulier dans la mesure où elle prend souvent la forme d'une sorte de prophétisme comme lorsque, à Saint-Étienne, il balance son discours entre « je ne suis pas venu vous dire » et « je suis venu vous dire ». Car il veut se poser en énonciateur d'une vérité par le dévoilement d'une réalité sociale parfois dérangeante (« Je vous propose de dénoncer les faux-semblants, les mensonges, la pensée unique, l'hypocrisie[9] »). Il affectionne les formules signifiant sa franchise et sa position d'iconoclaste (« je le dis clairement », « contre le politiquement correct », etc.), mais également celles qui marquent sa réactivité, ce que l'on désignerait en anglais par le terme de *responsiveness* (« à chaque question, je propose une réponse précise »). Et d'ailleurs, ses discours s'apparentent à un catalogue d'engagements et de mesures.

---

8. *Discours de Nicolas Sarkozy, réunion publique de Saint-Étienne, 9 novembre 2006.*

9. *Discours de Nicolas Sarkozy, « Éducation : le devoir de réussite », réunion publique à Angers, 1er décembre 2006.*

Les postures à la fois semblables – le pragmatisme et le sens du concret – et différentes – écoute « citoyenne » contre affirmation du « je » – trouvent un écho dans l'opinion publique. Dans l'enquête menée par le Cevipof (*Baromètre politique français*, vagues 1 et 2, automne 2006), les enquêtés ont été interrogés sur les qualités qu'ils attribuent à l'ensemble des candidats potentiels, notamment : « ayant l'étoffe d'un président », « capables de changer les choses » et « comprenant les problèmes des gens ». Nicolas Sarkozy et Ségolène Royal sont les deux candidats qui recueillent le plus de jugements positifs. Mais la qualité la moins souvent attribuée à Nicolas Sarkozy est la capacité à « comprendre les problèmes des gens », et la moins souvent attribuée à Ségolène Royal est d'avoir « l'étoffe d'un président »[10]. La crédibilité des deux candidats ne se fonde pas sur les mêmes critères.

—— Activation, redéfinition et brouillage des clivages

Les partis politiques produisent des candidats et des gouvernants. Ils produisent aussi des discours et des programmes. Ce faisant, ils tentent d'imposer des systèmes d'oppositions et d'organiser les controverses politiques. S'appuyant sur les clivages sociaux et culturels, souvent anciens, qui divisent la société et structurent les conflits, ils simplifient ces clivages, les hiérarchisent, les activent et leur donnent leur signification politique. Dans les années 1960, Elmer Schattschneider[11] rappelait qu'assurer sa domination politique s'apparente à définir les alternatives, autrement dit suppose, soit de déplacer les clivages, soit de résister aux tentatives de déplacement

---

10. *Daniel Boy et Jean Chiche*, « *Images des candidats et probabilité de vote : évolutions et articulations* », Baromètre politique français 2006-2007, *2ᵉ vague, automne 2006 (http://www.cevipof.msh-paris.fr/).*
11. *Elmer Schattschneider*, The Semisovereign People. A Realist's View of Democracy in America, *New York (N. Y.), Holt, Rinehart, and Winston, 1960.*

engagées par le concurrent. L'élaboration des programmes est l'une des activités traditionnelles des partis politiques. Il s'agit à la fois de faire des propositions d'action et de se distinguer de l'adversaire politique en en donnant une image négative et en mettant en cause la justesse de son programme et sa faible crédibilité. Les campagnes électorales sont des moments privilégiés pour cette double activité de proposition et de distinction. Elles sont d'abord l'occasion pour les partis et les candidats de s'affronter et de créer de la différence, du clivage, de choisir et d'imposer leurs thèmes de controverse, ceux sur lesquels ils estiment bénéficier de la plus grande crédibilité.

Consultation fortement personnalisée, où le poids des candidats est déterminant et où ceux-ci tentent et souvent parviennent à élargir leur marge d'autonomie par rapport à leurs partis respectifs, la campagne présidentielle de 2007 se produit dans un moment d'évolution de notre système politique où deux partis ont une position de plus en plus dominante. Les deux grands candidats s'observent, s'opposent, se répondent, s'imitent, se neutralisent. Enfin, du fait à la fois de la longueur inhabituelle de cette précampagne, débutée dès le début de l'année 2006, et du rôle croissant pris par les médias et les sondages dans les campagnes présidentielles, les deux grands candidats n'ont pas une latitude d'action totale pour déterminer le champ de leurs controverses et organiser leur affrontement. Ils font partie d'un système d'acteurs trop complexe, incluant les journalistes, les commentateurs et les sondeurs, pour qu'ils puissent maîtriser à eux seuls la dynamique de la campagne. Il leur faut, en temps réel, s'adapter à ses inflexions, ses accidents, ses surprises.

Pour toutes ces raisons, la campagne de 2007 ne peut seulement consister pour les deux candidats à réaffirmer les différences et oppositions politiques que leurs partis ont codifiées historiquement et inscrites dans leurs programmes et projets, et à s'en tenir à la réactivation des controverses traditionnelles et à la disqualification ou à la neutralisation des thèmes de l'adversaire. Ils s'adressent à la fois à leurs sympathisants mais aussi, dans la logique de cette élection, à l'ensemble des

Français. Ils doivent également affirmer leur propre personnalité et leurs propres convictions. Ils doivent surtout répondre aux préoccupations générales des Français, qui ne renvoient pas toutes directement à leurs thèmes de prédilection et aux controverses politiques où leur position leur paraît la plus forte. C'est pourquoi ils sont amenés à se placer en même temps sur deux registres différents, celui des clivages traditionnels d'un côté, et, de l'autre, celui du brouillage et de la redéfinition de ces clivages. C'est dans la manière dont s'opère ce jeu complexe qu'il convient d'analyser la production de leur discours et la manière dont ils positionnent leur candidature.

Produire et activer des clivages

Quelle que soit l'importance de la personnalisation de l'élection présidentielle, les candidats appartiennent pour la plupart d'entre eux à un parti politique. S'agissant des deux principaux candidats, ils ont été, nous l'avons vu, désignés par les deux plus grands partis. Plus généralement, le clivage politique historique gauche-droite les oppose et ils ne l'occultent pas. S'identifier au clivage gauche-droite signifie à la fois de revendiquer son appartenance à l'un des deux camps et de stigmatiser à travers son adversaire le camp d'en face. Les candidats issus du gaullisme, à commencer par le général de Gaulle lui-même, ont longtemps refusé de s'identifier à la droite. Ce n'est pas le cas de Nicolas Sarkozy qui présente ainsi une part de renouvellement dans le positionnement de sa candidature. De ce point de vue, il incarne parfaitement la génération marquée par l'alternance de 1981, qui a provoqué la revalorisation de cette identification idéologique chez une grande partie des jeunes responsables RPR ou UDF. Dans un grand nombre de ses discours, la césure historique principale est celle de 1981, qui ouvre selon lui une longue période d'errements politiques :

> « Je me suis beaucoup mobilisé pour décomplexer la droite française. Longtemps, elle a paru comme tétanisée par la gauche qui n'aimait rien tant que se poser en donneuse de leçon. Et c'est ainsi que la droite, condamnée au silence complice, finit par perdre une large partie de son identité

> [...]. Au lieu de se définir par ce qu'elle était, elle se définis-
> sait à la longue par ce qu'elle n'était pas ou plus. Ni de
> droite, ni de gauche, ni du centre. Au final, cela donnait un
> mélange complexe qui cumulait tous les inconvénients :
> trop à droite pour la gauche, pas assez pour la droite. Trop
> souple sur ses valeurs traditionnelles, trop rigide à propos
> des idées modernes. Cette stratégie suicidaire explique en
> partie la persistance du phénomène Front national[12]. »

La distinction qu'il opère entre la droite et la gauche repose sur deux principes : l'opposition entre le mouvement et l'immobilisme, et entre l'intérêt national et l'intérêt partisan ou corporatiste. Dans la filiation d'Édouard Balladur, qui a tenté d'assimiler la droite au parti de la réforme, il cherche à imposer l'association de la droite au mouvement, à la rupture – plus ou moins tranquille selon les conjonctures – et de la gauche à l'immobilisme et au conservatisme. La gauche est également stigmatisée au motif qu'elle n'aurait que des visées partisanes, éloignées de l'intérêt national : « La gauche n'a qu'un seul objectif : battre la droite [...] n'a qu'un but : prendre sa revanche [...] n'a qu'une intention : figer le pays[13] » ; à l'inverse, la droite se caractérise selon lui par son ambition pour la France et sa volonté de remettre le pays en mouvement. Lors de son discours à Périgueux consacré à la République[14], il reprend cette logique distinctive : « Pour eux [les socialistes], la République c'est une affaire de partis. Pour nous, c'est le problème de la nation. Pour eux, la République c'est la gauche. Pour nous, la République ce n'est pas la droite, ce n'est pas la gauche, ce sont tous les Français ». Lors de son discours d'investiture, le 14 janvier 2007, reprenant une argumentation bien connue, il condense par une formule la revendication d'être de droite et la négation du clivage au nom de la nécessaire unité nationale :

---

12. *Nicolas Sarkozy,* Témoignage, *op. cit., p. 17.*
13. *Discours de Nicolas Sarkozy, « Éducation : le devoir de réussite », réunion publique à Angers, 1ᵉʳ décembre 2006.*
14. *Discours de Nicolas Sarkozy, « Notre République », réunion publique à Périgueux, 12 octobre 2006.*

« Être de droite, c'est refuser de parler au nom d'une France contre une autre. C'est refuser la lutte des classes, c'est refuser de voir dans l'idéologie la réponse à toutes les questions, la solution à tous les problèmes ».

Pour sa part, Ségolène Royal revendique également sans ambiguïté la pertinence du clivage gauche-droite et l'appartenance à un camp, même si elle ne s'adresse pas au « peuple de gauche » en priorité dans ses discours. À l'occasion de sa déclaration de candidature pour les primaires socialistes, elle réaffirme sa place structurante : « Le clivage gauche-droite n'a jamais été aussi pertinent qu'aujourd'hui, jamais aussi actuel[15] ». Le « camp » prend la forme d'une famille, la « famille socialiste », famille festive, moderne, reconfigurée et ouverte, qu'elle célèbre lors de son discours pour la Fête de la rose à Frangy-en-Bresse, le 20 août 2006. Mais la tradition doit être, selon elle, actualisée :

> « Notre combat s'inscrit dans la longue durée de l'histoire socialiste et de ses luttes contre les inégalités. C'est pourquoi nous savons que nous avons aussi, à chaque génération, l'obligation d'en actualiser l'héritage dans le temps qui est le nôtre. Dans la fidélité à nos valeurs mais sans craindre d'innover, d'inventer, d'imaginer[16]. »

Pour Ségolène Royal, la distinction gauche-droite se joue dans le combat contre les inégalités, face à une droite qui est l'incarnation des « forces libérales », qui estime que « l'inégalité est "inévitable" car elle résulterait d'un mécanisme quasi naturel de sélection, économiquement justifiée, qui trie les gagnants et les perdants ». Elle s'enracine historiquement : « La droite et la gauche, cela vient de loin : de la naissance de la République. Cela structure de longue date deux visions du monde, deux attitudes opposées face aux désordres des choses

---

15. *Discours de candidature de Ségolène Royal pour les primaires socialistes, Vitrolles, 29 septembre 2006.*
16. *Discours de Ségolène Royal à la Fête de la rose à Frangy-en-Bresse, 20 août 2006.*

et aux injustices, deux conceptions de la puissance publique[17] ». De ce point de vue, il s'est opéré une sorte de chassé-croisé par rapport à l'élection de 2002. Il y a cinq ans, Lionel Jospin, s'étant imposé un « devoir d'inventaire » sur le second septennat de François Mitterrand, avait peu reconnu sa filiation mitterrandiste. Ségolène Royal, elle, l'a toujours revendiquée (« Je revendique cette lignée mitterrandienne et j'en suis fière[18] »), et elle l'a réaffirmée à plusieurs reprises dans sa campagne. En revanche, Nicolas Sarkozy n'a mobilisé explicitement que très récemment sa filiation gaulliste. Plus généralement, ses discours évitaient jusqu'à présent l'inscription dans la longue durée et la célébration des grands ancêtres de l'histoire de France. Le choix d'Henri Guaino, ancien conseiller de Philippe Séguin, pour l'écriture de ses discours est venu illustrer ce tournant tactique et donner une tonalité plus épique à ses propos. Jusqu'alors, il préférait aux références historiques les exemples étrangers : se situant plus dans l'espace contemporain que dans le temps historique. Ce n'est que récemment, en effet, que ses discours sont habités par les grandes figures de l'histoire de France et que ce panthéon mêle les grands hommes et femmes de droite et de gauche.

Filiation politique et identification personnelle à leur camp sont mobilisées par les deux candidats, mais le socle de leurs programmes respectifs est également structuré par ces appartenances. Chez Nicolas Sarkozy, et dans le projet de l'UMP, les thématiques traditionnelles de la droite – parfois infléchies en comparaison de leurs versions précédentes – dominent avec la valorisation du travail, de l'effort et du risque, et la récompense au mérite. En effet, sont jugés méritants et doivent donc être récompensés « ceux qui travaillent, qui font des efforts, qui prennent des initiatives ou des risques ». L'idée que le travail et l'effort sont constitutifs du mérite a véritablement (ré)émergé dans le discours de la droite dans le cadre du débat parlementaire

---

17. *Discours de candidature de Ségolène Royal pour les primaires socialistes, Vitrolles, 29 septembre 2006.*
18. *Ibid.*

sur les 35 heures : à côté de la critique économique (la baisse de la productivité) et de la critique juridique (le recours à la loi et non au contrat) s'est développée une critique morale (la reconnaissance du travail en tant que valeur). Dans son discours de Périgueux, Nicolas Sarkozy déclarait : « Je ne veux pas que ceux qui ne veulent rien faire, que ceux qui ne veulent pas travailler, vivent sur le dos de ceux qui se lèvent tôt et qui travaillent dur ». Cette reconnaissance des vertus du travail peut être partagée par tous ceux qui adhèrent à la tradition méritocratique républicaine, mais l'affirmation selon laquelle le risque pris est constitutif du mérite apparaît plus discriminante. Elle émerge plus spécifiquement de la conception libérale qui valorise la concurrence, l'esprit d'entreprise et la prise de risques. Sur ce point, le clivage existe. Il engage à la fois un jugement porté sur la flexibilité du marché du travail, sur le régime de protection sociale et sur la critique de l'État. La concurrence et le risque sont au cœur de l'idéologie du candidat UMP. « L'assistanat » est dénoncé et la récompense de l'effort promise. « Aide-toi, le ciel t'aidera » résume schématiquement la logique du projet UMP : le travailleur prêt à faire des heures supplémentaires, l'étudiant boursier ayant trouvé un travail, la personne ayant accumulé un patrimoine, etc., seront récompensés parce qu'ils l'ont « mérité », parce qu'ils veulent (ou peuvent) s'en sortir. De ce point de vue, une rupture existe avec la logique redistributive au profit d'une logique d'accompagnement, voire d'accélération de la promotion sociale.

Ségolène Royal, de son côté, participe bien de la culture et des valeurs de gauche dans le domaine socioéconomique. L'assimilation que fait la gauche du modèle économique – le libéralisme économique ou le capitalisme – à l'acteur politique – la droite – lui permet d'opposer politiquement de manière radicale deux modèles économiques fondamentalement antagonistes. Ainsi, on peut lire dans la motion finale du congrès socialiste du Mans : « Nous combattons la logique libérale actuelle de la mondialisation et son cortège de dérégulations, déréglementations, libéralisations, privatisations, précarisation qui expriment, au quotidien, l'avènement de valeurs que nous combattons : l'individualisme, le chacun pour soi, l'éphémère et le spectaculaire ». Ségolène Royal a repris pour l'instant une grande partie de l'orthodoxie socialiste antilibérale. Dans son livre, *La vérité d'une femme*, elle écrit ceci : « Les propriétaires du capital d'une entreprise s'enrichissent lorsque des hommes et des femmes sont jetés dans le malheur par la perte de leur emploi[19] ». Elle entend résister « aux vents mauvais d'un libéralisme sans foi ni loi » et déclare au *Times*, le 13 octobre 2006, qu'il faut faire peur aux capitalistes qui veulent délocaliser. Sa critique des 35 heures est en réalité une critique de gauche. Selon elle, « ce sont la droite et les forces libérales qui détruisent la valeur du travail », la droite qui « licencie pour doper le cours en Bourse des actions, qui réduit la compétitivité à l'écrasement des salaires, qui confond la modernité avec la brutalité du capitalisme du XIXe siècle, qui proclame que la liberté s'arrête là où commence le Code du travail ». Refusant la « société du précariat [*sic*] et de l'insécurité sociale », elle entend d'abord que les Français soient protégés. Pour elle, la valeur du travail ne peut être reconnue et partagée que dans une société qui assure la protection économique des individus, estimant que « la motivation au travail et l'efficacité économique exigent des salariés protégés, assurés de la dignité de leur métier et de la sécurité de leurs revenus ».

D'autres clivages structurants ont jusqu'à présent été moins exploités durant la campagne alors même qu'ils marquent les points de distinction les plus nets du discours de Nicolas Sarkozy. Le premier concerne les relations franco-américaines. Porteur d'une vision positive de l'allié américain (affirmée dans son livre *Témoignage* et réaffirmée lors d'un voyage aux États-Unis en 2006), partisan d'une affirmation claire de l'appartenance au camp américain, et ayant critiqué l'attitude française lors du déclenchement de la guerre contre l'Irak, il a ensuite opéré un repli, préférant sans doute ne pas ouvrir un conflit au sein de son parti et au-delà. La même position de repli semble

---

19. *Ségolène Royal*, La Vérité d'une femme, *Paris, Stock, 1996.*

caractériser ses déclarations publiques sur la place de la religion dans la société et le principe de laïcité, même si la publication de son ouvrage *La République, les religions, l'espérance*[20] et celle du rapport de Jean-Pierre Machelon sur « La relation des cultes avec les pouvoirs publics » témoignent d'une possible réintroduction de cette question sur l'agenda politique. Dans son ouvrage, Nicolas Sarkozy marque, en effet, une forme de rupture en affirmant l'importance de la religion dans l'équilibre des sociétés, l'attachement à une « laïcité positive, c'est-à-dire une laïcité qui garantit à chacun le droit de vivre sa religion comme un droit fondamental de la personne », et la nécessité pour l'État de financer les lieux et les ministres des différents cultes.

Demeurent, enfin, deux autres dimensions qui mêlent traits personnels et clivages potentiels, et dont on peut penser qu'elles seront mobilisées par les deux candidats dans la campagne. La première tient au fait que Ségolène Royal est la première femme en position d'accéder à la présidence de la République. Elle n'a pas manqué de souligner elle-même ce trait distinctif lors des primaires socialistes. Nul doute qu'elle le mobilisera encore face à Nicolas Sarkozy. Elle relie d'ailleurs avec constance son engagement politique, son identité personnelle en tant que femme et le combat qu'elle lui associe. Source de son engagement, le rejet de « la place assignée aux femmes dans la tradition » reste un levier de son sentiment d'injustice :

> « En politique aussi, on nous soupçonne toujours de ne pas être à la hauteur. Jamais un homme ne subirait le procès en légitimité qu'on me fait depuis des mois. Jamais on ne se demanderait, à son propos, "mais qui va garder les enfants ?". Jamais on ne lui dirait qu'une élection présidentielle, "ce n'est pas un concours de beauté" ou "pas une question de mensurations". Ce doute permanent sur leurs compétences, ce machisme parfois agressif, les femmes

---

20. *Nicolas Sarkozy,* La République, les religions, l'espérance, *Paris, Éditions du Cerf, 2004.*

doivent encore l'affronter dans la vie professionnelle comme dans la vie politique[21]. »

Face à cette mobilisation de l'identité féminine, se dessine, du côté de Nicolas Sarkozy, une mise en scène d'une identité de « petit Français au sang mêlé[22] ». Support d'un discours qui se cristallise autour d'une mise à l'épreuve du modèle d'intégration « à la française » et de la légitimité d'introduction de mesures de discrimination positive. En effet, avec Nicolas Sarkozy, l'expression de « discrimination positive » est entrée dans le discours de la droite française, même si la promotion d'une action volontariste pour promouvoir l'intégration des minorités ethniques dans la société française est une mesure qu'il défend largement contre son camp et en opposition à François Bayrou et au Parti socialiste qui s'est, en effet, prononcé contre cette approche de la réduction des inégalités dans son récent projet : « Face aux réponses d'inspiration anglo-saxonne, qui consistent à introduire de nouvelles "discriminations", nous devons privilégier les solutions républicaines ».

Le brouillage des clivages

La logique de distinction, voire d'affrontement, existe. Elle a essentiellement pour objet de mobiliser les électeurs les plus politisés et ceux qui conçoivent la politique comme une opposition horizontale qui prend forme dans le clivage gauche-droite. Cette logique politise les clivages en s'enracinant dans des traditions plus ou moins réinventées. Cependant, elle n'est pas la seule à l'œuvre dans l'élection présidentielle et particulièrement celle de 2007. D'abord parce que dans ce duel entre les deux candidats supposés du second tour de l'élection présidentielle, ceux-ci ne sont pas entièrement maîtres du jeu. Ils ne sont pas toujours en mesure d'imposer leurs thèmes de campagne, ni de contrôler la manière d'organiser leur confrontation. Les

---

21. *Témoignage de Ségolène Royal, « Ce que la vie m'a appris »,* Esprit Femme, *14 novembre 2006.*
22. *Discours d'investiture de Nicolas Sarkozy, 14 janvier 2007.*

sondages, les journalistes et les commentateurs politiques, mais également les associations et les entreprises de mobilisation ne sont pas de simples spectateurs, comme dans un théâtre où le public est séparé de la scène sauf pour les applaudissements ou les sifflets. Il s'agit d'un processus interactif par lequel les candidats doivent ajuster en permanence et en temps réel leur discours. Ensuite, dans un scrutin de plus en plus personnalisé, les candidats ne sont pas seulement de futurs représentants proposant un programme, ils doivent aussi se situer non seulement au niveau des propositions mais aussi à celui des valeurs et des affects, ce qui conduit souvent à les rapprocher. Une élection présidentielle oblige à mobiliser au-delà de son camp pour être élu, les candidats sont donc conduits à s'adresser à l'ensemble des Français. Il leur faut alors répondre aux demandes et préoccupations qui sont celles de l'ensemble des Français, dans une relation qui n'oppose plus la gauche et la droite mais les citoyens aux candidats. Dans ces conditions, ceux-ci ne peuvent plus seulement s'opposer sur leurs thèmes de prédilection respectifs. D'où leur utilisation de la technique de la triangulation mais aussi parfois de leur accord tacite pour neutraliser certains thèmes. Enfin, prenant acte d'une « crise de la représentation et de la confiance politique » et renforçant une évolution largement amorcée par les médias, les candidats ont modifié leur manière de s'adresser aux électeurs, de transformer leur énonciation du politique en se situant au niveau de la *life politics*, c'est-à-dire en abordant les problèmes à travers l'expérience des gens, leur vécu quotidien, désidéologisant pour partie leur discours ou s'éloignant de l'énonciation des programmes : Ségolène Royal et Nicolas Sarkozy en sont des illustrations dans leur tentative de rétablir un lien de confiance avec les citoyens.

Les candidats des deux partis dominants ne sont pas (ou plus) dans une position où il leur suffirait d'imposer leur « offre », leurs thèmes de controverse et de neutraliser ceux de l'adversaire. Ils sont sensibles, si ce n'est soumis, à une « demande » construite par les sondages ou les mobilisations sectorielles, et transmise et reformulée par les médias. Ils doivent, à côté des « figures libres », pratiquer des « figures imposées ». Leurs propositions pour résoudre les problèmes considérés comme les grands enjeux du pays sont soumises à la comparaison. Ainsi, si les candidats doivent d'abord assurer et conforter leur avantage sur leurs thèmes de prédilection et tenter de neutraliser les thèmes de leur adversaire, ils ne peuvent négliger ces derniers lorsqu'ils correspondent à des préoccupations largement partagées par l'opinion. Ceci conduit à une grande plasticité des prises de position.

En 2007, c'est aussi l'omniprésence de la référence à la nation qui contribue à brouiller le clivage gauche-droite traditionnel. Les deux candidats ressentent également la nécessité, pour rassembler au-delà de leur camp, de s'adresser à la communauté nationale tout entière, l'un et l'autre mettant en avant la nation et la République. De ce point de vue, le discours de Vitrolles de Ségolène Royal, par lequel elle a annoncé officiellement sa candidature à la candidature socialiste, en octobre 2006, a marqué le point d'orgue de ce tournant national. Les mots « France » et « nation » apparaissent presque à chaque paragraphe. Elle entend affirmer que la protection sociale est aujourd'hui l'une des dimensions de la citoyenneté, et que la citoyenneté politique et la citoyenneté sociale vont de pair. Ainsi déclare-t-elle dans son discours de Vitrolles : « Quand on demande aux Français ce qui, pour eux, symbolise le mieux la France, ce qui vient en premier, ce ne sont ni les frontières ni la langue, c'est le drapeau tricolore et la sécurité sociale ». « Plus les insécurités sociales [...] gagnent du terrain, plus les Français ont mal à la France », ajoutait-elle. Son triptyque nation-République-État est exactement celui revendiqué par Nicolas Sarkozy dans son discours de Périgueux quelques jours plus tard. Ce retour à la nation, qui touche tout l'espace politique français, est d'une certaine manière la conséquence du référendum de 2005 sur le Traité constitutionnel européen. « Je crois, déclare Ségolène Royal, que la nation, dans le monde d'aujourd'hui, est protectrice des individus », tout en ajoutant que la France a besoin d'Europe « pour mieux faire face aux dérives de la mondialisation ». Il ne suffit pas aux candidats de faire appel à la nation, ils veulent s'identifier à elle et aux Français. Dans une élection très personnalisée, ils ne peuvent seulement « représenter », il leur faut aussi « incarner »[23]. Ainsi, la déclaration officielle de candidature de Ségolène Royal à Vitrolles illustre ce positionnement : « Incarner la nation, telle est la tâche qui nous attend », dit-elle. « Tous ensemble, volonté et courage, en avant. »

De manière symétrique, Nicolas Sarkozy a progressivement placé les thèmes de la nation et de la République au cœur de sa rhétorique. Son discours d'investiture a constitué l'apothéose de cette évolution, avec son hommage appuyé à « sa » France et aux grands Français. La France s'incarne dans une galerie de portraits où les figures de gauche supplantent largement celles de droite (Georges Jacques Danton, Victor Hugo, Léon Gambetta, Jean Jaurès, Léon Blum, Émile Zola, Guy Môquet, etc.) et se trouve célébrée au nom d'un syncrétisme :

> « Ma France, c'est le pays qui a fait la synthèse entre l'Ancien Régime et la Révolution, entre l'État capétien et l'État républicain, qui a inventé la laïcité pour faire vivre ensemble ceux qui croient au Ciel et ceux qui n'y croient pas. Ma France, c'est le pays qui, entre le drapeau blanc et le drapeau rouge a choisi le drapeau tricolore [...]. Ma France, c'est celle de tous les Français sans exception. C'est la France de Saint-Louis et celle de Carnot, celle des croisades et de Valmy. Celle de Pascal et de Voltaire. Celle des cathédrales et de l'Encyclopédie. »

Cette célébration s'accompagne d'une affirmation du sentiment de fierté nationale, incompatible avec ce qu'il dénonce comme une complaisante mauvaise conscience historique qui conduirait à une perpétuelle expiation des crimes et lâchetés des générations précédentes et alimenterait une haine de soi. Elle débouche sur une référence à la campagne présidentielle comme une tâche de missionnaire évoquée en ces termes : « Je

---

23. *Jean-Marie Donegani et Marc Sadoun,* La Démocratie imparfaite, *Paris, Gallimard, coll. « Folio-Essais », 1994.*

demande à mes amis qui m'ont accompagné jusqu'ici de me laisser libre, libre d'aller vers les autres, vers celui qui n'a jamais été mon ami, qui n'a jamais appartenu à notre camp, à notre famille politique, qui parfois nous a combattus ».

La life politics

La *life politics* désigne une énonciation de la politique qui part de la vie quotidienne des gens mais qui, plus fondamentalement, prend acte d'une forte atténuation du rapport idéologique au monde construit sur une forme d'abstraction et de globalisation au profit d'un rapport phénoménologique fondé sur les expériences et les situations vécues[24]. Dans cette perspective, les citoyens ne peuvent s'approprier la politique que si celle-ci est intégrée à leur vécu. Ce sont donc les mondes vécus de l'existence qui structurent le rapport des citoyens au politique. Ce faisant, ils modifient le sens et le contenu du politique. Celui-ci a cessé d'être tout, c'est-à-dire d'englober les différentes dimensions de notre vie. En revanche, le politique est dans tout. La *life politics* exprime donc la transformation du statut du politique. Il n'est plus là pour guider les pas des citoyens dans un monde difficile et encore moins pour leur prescrire une place ou un rôle. Il est là pour participer à la construction des « mondes vécus » à travers lesquels les individus vivent et se représentent leur vie. Nicolas Sarkozy, tout comme Ségolène Royal, ont utilisé ce registre. Si la seconde en fait le cœur de son rapport au politique, le premier en a été, d'un certain point de vue, le précurseur. Contre l'accusation de populisme, il se défend en rappelant son attachement au rôle des corps intermédiaires mais revendique la recherche de la popularité en ces termes :

« Être populaire, c'est parler de ce qui préoccupe les Français. Être populaire, c'est être compris par ses compatriotes.

---

24. *Gérard Grunberg et Zaki Laïdi,* Sortir du pessimisme social, op. cit., *p. 207 et suiv.*

> Être populaire, c'est être choqué par une situation avant que de l'être par une proposition de solution. Être populaire, c'est essayer de changer et d'améliorer la vie quotidienne des gens[25]. »

Son exploitation du thème de la sécurité appartient au registre de la *life politics* dans la mesure où il part de la perception de l'insécurité et des expériences de ses victimes, appuyant ses discours de la référence à des exemples concrets et accusant ses détracteurs de nier la réalité dans laquelle vit une partie de la population. Depuis lors, ses discours sont parsemés de figures façonnées à partir de personnages et d'adresses à des catégories sociales personnifiées : « Je ne suis pas venu dire à la mère qui élève toute seule ses deux enfants et qui gagne à peine le SMIC [...]. Je ne suis pas venu dire à l'ingénieur de cinquante ans qui ne trouve plus de travail[26] », etc. Le même registre de la *life politics* est utilisé par Ségolène Royal qui soigne son vocabulaire afin d'utiliser des mots ordinaires (« la vie chère », les « petites retraites ») et enracine ses propos dans l'expérience vécue des Français : « N'ayons pas peur des idées neuves, puisons-les dans la vie quotidienne du peuple français, dans ses souffrances, dans ses difficultés mais aussi dans ses talents et dans ses formidables réussites[27] ».

Cette prégnance nouvelle de la *life politics* témoigne d'une véritable inflexion dans la mesure où l'on n'est plus à proprement parler sur le terrain de l'expression des opinions mais sur celui des expériences vécues, exemplaires et ressenties à travers des émotions. En effet, du domaine de l'expérience vécue, on débouche rapidement sur celui de l'expérience ressentie et, par ce biais, sur le vocabulaire des émotions et des sentiments. Ségolène Royal en est une pionnière. Elle parle bien sûr de « désirs » mais également de « bonheur intense », d'émotions, de

---

25. Nicolas Sarkozy, Témoignage, *op. cit.*, *p. 107.*
26. *Discours de Nicolas Sarkozy, réunion publique de Saint-Étienne, 9 novembre 2006.*
27. *Discours de Ségolène Royal, à Melle, 17 novembre 2006.*

« foules sentimentales », d'amour (« Il faut d'abord aimer la France, cette idée neuve, et vouloir que les Français s'aiment en elle[28] »), mais également de ceux qui « ont mal à la France ». Elle trouve les propositions de son concurrent de droite sur l'immigration choisie « insupportables », etc. Nicolas Sarkozy, jusqu'ici moins enclin à jouer sur la gamme des émotions dans ses discours (même s'il est allé loin dans la mise en scène de son intimité et si son ouvrage *Témoignage* ne se prive pas d'exploiter le registre émotionnel à propos de ses relations conjugales), mais ne voulant pas laisser à sa rivale « le monopole du cœur », se retrouve donc à parler, à son tour, de ses émotions dans la douceur angevine, « joie », « sérénité », « besoin de vous »[29], etc. Son discours d'investiture apparaît, de ce point de vue, exemplaire de sa nécessaire adaptation à un registre promu par sa rivale. Entièrement centré sur lui, sa trajectoire et sa transformation, il mobilise le registre des émotions dès les premiers mots : émotion « qui étreint », « qui submerge », « que l'on ne peut exprimer », etc. Se situant sur le même terrain que Ségolène Royal qui, dans sa déclaration de candidature, confessait : « Oui, j'accepte d'assumer cette mission de conquête pour la France et les épreuves avec, dont je veux protéger ma famille », Nicolas Sarkozy utilise également la notion d'épreuves, allant même plus loin dans l'exposition de soi :

> « J'ai changé parce que les épreuves de la vie m'ont changé. Je veux le dire avec pudeur mais je veux le dire parce que c'est la vérité et parce qu'on ne peut pas comprendre la peine de l'autre si on ne l'a pas éprouvée soi-même. On ne peut pas partager la souffrance de celui qui connaît un échec professionnel ou une déchirure personnelle si on n'a pas souffert soi-même. J'ai connu l'échec et j'ai dû le surmonter [...]. Je demande à ma famille de m'aider. Je sais ce qu'elle a eu à souffrir. Je veux qu'elle comprenne que ce n'est pas de moi qu'il s'agit mais de la France. »

---

28. Ibid.
29. *Discours de Nicolas Sarkozy, réunion publique à Angers, 1ᵉʳ décembre 2006.*

La campagne de 2007 constitue donc bien un point d'inflexion par l'importance accordée à « l'expérience vécue » et « ressentie », à la fois pour parler des citoyens et de soi en tant qu'homme ou femme politiques. L'utilisation du langage des émotions vise à créer des relations d'empathie : empathie du dirigeant politique à l'égard des citoyens qui souffrent, empathie recherchée en retour des citoyens à l'égard d'un dirigeant qui se sacrifie, traverse des épreuves, fait don de soi, etc.

Le recours à la triangulation

Les candidats se doivent de faire écho aux expériences vécues des Français mais ils sont également soumis à la nécessité de coller à leur concurrent tout en s'en démarquant. Cette double exigence les amène parfois à s'éloigner de leurs terrains habituels pour aller chasser sur les terres de l'adversaire. Ils utilisent alors ce qui a été appelé la technique de la triangulation. La triangulation a été définie dans le champ de la compétition politique pour contrer l'adversaire sur son propre terrain. Elle part de l'idée selon laquelle il existe un nombre croissant d'enjeux qui ne peuvent plus être pensés sur la seule base du clivage gauche-droite. Son principe consiste à dire qu'il existe des enjeux trans-idéologiques que tout acteur politique doit prendre en compte parce que les citoyens les vivent de moins en moins sur un mode partisan. Pour contrer un adversaire, la meilleure solution consiste non pas à délégitimer les thèmes qu'il aborde, mais au contraire à se les réapproprier sans se renier. La triangulation obéit à des impératifs majeurs et contradictoires de la politique : cliver et rassembler. Dans un contexte de clivage gauche-droite, elle va, par exemple, consister pour un candidat de gauche à se réapproprier des thèmes dits « de droite » (sécurité, immigration, autorité, famille), pour en dégager des solutions acceptables pour un électorat de gauche. La technique de la triangulation a été formalisée pour la première fois aux États-Unis par Dick Morris, stratège en communication de Bill Clinton[30].

---

30. *Gérard Grunberg et Zaki Laïdi,* Sortir du pessimisme social, *op. cit., p. 211.*

Soumis à une très forte pression des républicains qui identifiaient les démocrates à des « dépensiers », Bill Clinton s'est fait le défenseur de la rigueur budgétaire tout en veillant à ce que celle-ci ne devienne pas synonyme de démantèlement de la protection sociale – l'objectif réel des républicains. La stratégie de Tony Blair s'est construite de manière identique. Il a vite compris que la négation de l'héritage thatchérien condamnerait le Labour à une opposition éternelle. Il s'est donc d'emblée concentré sur les valeurs susceptibles de transcender les clivages partisans et qu'il prétendait pouvoir incarner, quitte à proposer des solutions qui visaient clairement à corriger les dégâts sociaux du thatchérisme. Il faut enfin souligner que la triangulation n'a d'intérêt politique, et n'est donc utilisée, que lorsque les thèmes choisis sont populaires, ce qui ne veut pas dire qu'il s'agit de la part de ceux qui la pratiquent d'une simple manipulation. Elle apparaît comme une stratégie politique indissociable de l'usage des sondages puisqu'elle repose sur le repérage des thèmes « populaires » : le jeu de bascule est mis en œuvre sur des sujets reconnus comme préoccupants par les électeurs de gauche comme de droite.

Ségolène Royal a revendiqué cette approche de la compétition politique en déclarant : « Les problèmes ne sont ni de droite ni de gauche, mais les solutions le sont. Moi, j'apporte des solutions de gauche ». Elle l'a principalement utilisée à propos des questions relatives à l'ordre, l'autorité et la famille. Dans le domaine économique, son utilisation de cette technique a été prudente et limitée. Elle a salué quelques réalisations du blairisme en matière de formation des jeunes et de « flex-sécurité », et prôné la formation tout au long de la vie « pour que la France soit en mesure de soutenir la compétitivité et répondre aux besoins des entreprises ». Ses critiques contre les 35 heures ont surpris et laissé penser qu'elle s'affranchissait de l'orthodoxie antilibérale du projet socialiste contre le « conservatisme libéral » incarné par la droite. Mais elle a surtout pris ses distances avec le discours socialiste lorsque celui-ci entrait en conflit avec les valeurs qu'elle défendait, le travail, l'ordre et la famille. À propos du travail et de l'effort, on saisit le mécanisme quand elle affirme : « La responsabilité individuelle et la récompense de l'effort ne sont pas des valeurs conservatrices. Ce sont des valeurs progressistes et je les revendique pour les socialistes ». Lorsqu'à deux reprises, en décembre 2006 et en janvier 2007, le Premier secrétaire du Parti socialiste a défendu fermement l'idée d'une hausse des impôts sur le revenu, celle-ci a clairement réaffirmé ses propres valeurs qui, du point de vue du clivage gauche-droite tel qu'il s'est structuré au cours des dernières décennies, apparaissent plutôt comme des valeurs de droite. Elle a ainsi affirmé, le 12 janvier 2007 : « Il n'y aura pas de fiscalité nouvelle qui serait interprétée comme un élément qui décourage le travail et l'effort », estimant que « la relance de la machine économique devait se faire sans hausse des prélèvements obligatoires ».

Mais c'est dans le domaine de la vie en société que la pratique de la triangulation par Ségolène Royal est apparue le plus nettement. Son insistance sur la sécurité, « l'ordre juste », la discipline à l'école et l'éthique de la responsabilité individuelle a tranché avec les positions habituelles de la gauche. Dans son discours à Bondy, le 31 mai 2006, elle a affirmé son intention de « recadrer » les fauteurs de trouble et de « remettre au carré » certaines familles. Elle a appelé à une « reprise en main lourde » face à une « production massive de violence ». Les termes mêmes de « recadrer » ou de « remettre au carré » ne font pas partie du vocabulaire de la gauche, de même que sa proposition du « placement d'office » des élèves « qui font la loi et pourrissent la totalité d'un établissement scolaire » dans des « internats-relais ». Prônant la « construction d'internats scolaires » et la présence renforcée d'adultes dans les établissements scolaires, elle recommandait le placement d'office des jeunes délinquants dans « des établissements à encadrement militaire » et l'obligation pour les parents de suivre des stages dans des « écoles de parents » ainsi que « la mise sous tutelle provisoire » des allocations familiales. Ce dernier exemple illustre d'ailleurs parfaitement le principe de triangulation. Ségolène Royal insiste fortement sur la restauration de l'autorité parentale, mais, à la différence de la droite, elle parle de mise sous tutelle des allocations et non de leur suppression.

L'idée d'encadrement militaire, qui peut sembler martiale ou hyper-autoritaire, s'inscrit elle aussi dans une logique de triangulation : l'encadrement militaire est incontestablement une réponse autoritaire, mais bien moins pénalisante que l'emprisonnement. Elle transforme ainsi la question de l'autorité parentale en enjeu trans-partisan, et empêche par là même la droite de se l'approprier à son seul bénéfice. L'appel et le rappel à l'autorité constituent sans nul doute le marqueur le plus puissant du discours de Ségolène Royal. À travers la femme, c'est la mère qui s'impose et promeut la défense et la protection de la famille et des enfants. C'est probablement ici que sa singularité dénote dans le discours de la gauche. Ses références à la famille sont constantes. « La famille, déclare-t-elle lors du deuxième débat des primaires socialistes, a un rôle de protection, d'éducation, d'amour, d'affection, mais surtout de transmission des interdits qui structurent l'enfant, adulte en devenir. Et le problème aujourd'hui, c'est que les familles étant disloquées [...], la famille ne transmet plus d'interdits structurants. » « La famille et l'autorité parentale, ajoute-t-elle, sont des valeurs à conforter. » La défense de la famille se veut surtout une protection des enfants. D'ailleurs, ses combats pour la protection des enfants sont anciens : intervention contre la projection à la télévision d'images pornographiques susceptibles d'être vues par de jeunes enfants, contre le port « ostentatoire » du string, contre la pédophilie, contre le bizutage, pour l'aide aux parents dans l'exercice de leur responsabilité parentale, pour la création d'écoles de parents, pour l'instauration d'un congé de paternité, etc.

Les exemples de triangulation sont également nombreux chez Nicolas Sarkozy. Une première illustration peut être trouvée dans l'usage, et plus précisément le retournement, de la notion d'injustice. La dénonciation des injustices est empruntée à la gauche mais les catégories qu'elle vise ne sont pas les mêmes, et une inversion de la hiérarchie des injustices est tentée : injustice de la victime délaissée plutôt que du délinquant, injustice du travailleur non récompensé plutôt que du chômeur ne voulant pas « s'en sortir ». Autre illustration, l'investissement dans des domaines de prédilection de la gauche, celui de l'éducation ou de la fonction publique. Son discours d'Angers sur l'enjeu éducatif apparaît comme une application quasi parfaite de cette technique : affirmation de la légitimité de la droite à s'occuper de l'école (« C'est à nous de dire qu'on ne peut plus longtemps abandonner l'éducation à ceux qui en font le terrain de jeu de leurs idéologies dépassées ! »), adresse « aux hussards noirs de la République », et inscription dans la lignée de l'école républicaine, par le placement au « juste milieu » entre deux extrêmes, figure rhéto-rique constitutive du mécanisme de triangulation :

> « Entre le pensionnat de Chavannes et l'école ouverte à tous les trafics et à toutes les violences, il y a un juste milieu, celui de l'école sans portable, sans tabac et sans casquette. Entre l'uniforme et le jean taille basse qui laisse voir trop de choses, il y a un juste milieu, celui d'une tenue décente. »

À côté des thèmes républicains qui associent la réhabilita-tion d'un certain ordre éducatif où « l'élève n'est pas l'égal du maître » et de la méritocratie, le programme de l'UMP en matière d'éducation repose sur l'autonomie des établissements chargés d'élaborer des projets régulièrement évalués, voire sur des formes d'expérimentation ; sur la promotion de la liberté de choix des parents et donc à terme la suppression de la carte scolaire ; et sur l'introduction d'une valorisation au mérite des enseignants qui s'investissent dans l'établissement et dont il propose qu'ils puissent gagner plus en prenant en charge des études du soir encadrées. On trouverait l'utilisation de la même technique dans le discours tenu à propos des fonctionnaires. Là encore, il s'attaque à une chasse gardée de la gauche, à l'une de ses clientèles électorales, et se donne pour objectif de valoriser l'image de ce secteur. En effet, la figure du fonctionnaire appa-raissait largement étrangère à l'univers de la droite : la fonction publique et ses agents appartiendraient au « peuple de gauche » en lui fournissant non seulement des électeurs mais des mili-tants. Depuis 1981, la droite, en négociant son tournant vers une forme de libéralisme, a développé un discours très critique à l'égard des fonctionnaires, dont les salaires grèveraient le budget de l'État, qui produiraient un ensemble de règles, de directives et de dispositifs de contrôle qui pèseraient de manière particulièrement contraignante sur les entreprises et les individus, et qui incarneraient le secteur protégé et la défense des intérêts corporatifs. Maintenant des mesures visant à réduire la situation dominante des grandes centrales syndicales dans le secteur public (mise en cause du principe de représentativité des syndicats au premier tour des élections professionnelles, vote à bulletin secret de l'ensemble des salariés au bout de huit jours de grève, instauration d'un service minimum dans les transports publics), le discours s'est infléchi au nom d'une nécessaire revalorisation de l'image de la fonction publique, qui repose classiquement sur une diminution progressive du nombre des fonctionnaires (par le remplacement partiel des retraités) et sur la prise en compte croissante de l'expérience et du mérite dans les rémunérations et dans le recrutement par voie interne. Moins nombreux, les fonctionnaires devraient être mieux payés, plus mobiles, et organisés par métiers plutôt que par corps.

Alors que la campagne officielle ne fait que commencer, on peut déjà constater certaines inflexions dans l'offre politique constituée par les candidats des deux partis dominants. Partant de positions très différentes par rapport à leur parti, se distinguant par le type d'autorité politique qu'ils prétendent incarner et même sur le statut à accorder à cette notion dans de possibles tentatives de repolitisation, et assumant des identifications idéologiques à la droite et à la gauche que leurs prédécesseurs avaient parfois tendance à occulter, Nicolas Sarkozy et Ségolène Royal se trouvent néanmoins pris dans des mécanismes de brouillage de leurs distinctions. Ils élaborent des chassés-croisés, investissent le terrain de l'adversaire, recyclent ses registres et parfois même ses mots. Ces mouvements de transfert et de retournement s'expliquent probablement, en partie, par les effets propres d'une campagne électorale, qui plus est présidentielle, dont les spécificités, les interactions et les codes conduisent à une forme de plasticité des positions prises par les principaux candidats. Cet effet propre à la campagne présidentielle apparaît aujourd'hui particulièrement visible. Quel statut accorder à ces conjonctures particulières dans l'interprétation des formes prises par la politisation ? Sans considérer *a priori* qu'il s'agit de moments à part, d'artefacts largement déconnectés d'une politique ordinaire et ne disant rien sur les formes contemporaines de la politisation, on doit s'interroger sur ce que ces dynamiques de campagne laissent voir d'une transformation du politique et, au-delà, sur les mécanismes de perception, de réappropriation ou les effets de distanciation qu'elles génèrent chez les citoyens.

Conclusion

Dans la période précédant les scrutins de 2007, la dynamique du système politique, après une phase de fragmentation partisane, a conduit à une domination de deux partis, le PS et l'UMP. La précampagne de l'élection présidentielle de 2007 semblait devoir confirmer cette tendance. Les deux grands partis ont désigné des candidats qui marquent un renouvellement de génération et ils ont connu des transformations internes. Ils se sont engagés dans de nouvelles procédures de recrutement suscitant un afflux de nouveaux adhérents. Et leur présidentialisation s'est encore accrue, notamment par l'importance croissante prise par le processus de désignation des candidats. Dans la mesure où ces dynamiques traversaient à la fois le PS et l'UMP, il apparaissait non seulement judicieux de les comparer mais même pertinent de s'interroger sur l'existence d'une tendance du système partisan français vers le bipartisme. Pouvait-on trouver aux trois niveaux du système partisan, des organisations et de l'offre politique des éléments allant dans ce sens ? Quels obstacles pourraient rencontrer une telle évolution ? Et, si elle allait jusqu'à son terme, quelles pourraient en être les conséquences ? En soulevant ces interrogations, nous n'avions pas comme objectif de fournir des réponses définitives mais de proposer une grille de lecture utile pour interpréter la campagne présidentielle, les résultats des élections et les évolutions politiques que cette élection pourrait entraîner.

Sous quelles conditions pourra-t-on considérer que la tendance au bipartisme est bien réelle ? Une première réponse sera fournie par les résultats du premier tour de la présidentielle, car la marche vers le bipartisme sécrète ses propres contreforces qui peuvent s'exprimer par le refus d'une partie des électeurs du duopole partisan. Et celles-ci prennent appui sur une traditionnelle fragmentation politique mais sont également favorisées par la tendance à la proportionnalisation du premier tour de l'élection présidentielle. Mais, si les deux candidats des partis dominants sont qualifiés pour le second tour et que leurs scores cumulés dépassent les 54 % des suffrages exprimés, seuil maximum qu'ils aient atteint depuis 1981, la thèse de la tendance au bipartisme trouvera une première forme de validation. Avant, l'incertitude demeure forte compte tenu de l'instabilité des choix électoraux et de la fragilité de leur mesure, et les pronostics sont hasardeux. Quoi qu'il en soit, une deuxième réponse plus complète ne sera possible qu'après les élections législatives. À cette occasion, le mode de scrutin, majoritaire à deux tours, continuera à priver les partis qui ne passeront pas d'accord avec l'un ou l'autre des deux grands partis d'une représentation significative à l'Assemblée nationale. L'affirmation de la domination du PS et de l'UMP dans leur camp les mettra en position favorable pour négocier avec leurs partenaires et pourra s'accompagner d'un mouvement de vassalisation encore plus net. De plus, la suprématie parlementaire fournit des ressources financières qui entretiendront la domination des deux partis.

Notre hypothèse reposait sur l'idée selon laquelle en s'adaptant mieux que d'autres à la logique de l'élection présidentielle, notamment par des modifications de leur règlement et de leur fonctionnement internes, les deux partis dominants avaient connu un changement de nature qui, à la fois, les rapprochait l'un de l'autre et les distinguait des autres partis. Les analyses qui ont traité la question du changement des partis politiques ont fait le constat que les défaites électorales représentaient l'un des principaux facteurs de changement de ces organisations. Les mouvements de convergence imparfaite, que l'on peut indubitablement observer, peuvent donc être entravés par une défaite électorale. Que deviendraient le PS ou l'UMP en cas d'échec de leurs candidats respectifs ? Dans le cas du Parti socialiste, la déstructuration plus profonde de l'organisation pourrait-elle augurer soit d'un profond bouleversement, soit de scissions, soit d'un repli ? Dans le cas de l'UMP, la contre-offensive des anti-sarkozystes pourrait-elle ébranler un parti largement façonné par son nouveau leader ? Plus généralement, les processus engagés lors de cette élection présidentielle vont-ils s'amplifier et, en particulier, va-t-on s'acheminer vers un assouplissement de plus en plus net du lien d'adhésion et une ouverture de plus en plus large des primaires ? Un tel scénario apparaît plausible à droite. Dès lors, le PS, malgré ses réticences, aura probablement du mal à ne pas aller dans cette direction selon la logique mimétique qui associe les deux partis, sauf s'il introduit une véritable rupture et affirme la primauté parlementaire, comme certains le prônent. Ce mouvement, visible pour l'élection présidentielle, se diffusera-t-il pour les législatives ? En particulier, les nouveaux adhérents qui se sont mobilisés pour désigner le candidat présidentiel vont-ils s'investir dans les activités partisanes ? Si oui, cette évolution pourrait peser sur les investitures locales et sur toute l'économie de ces partis politiques.

Quelles seront enfin les conséquences de cette élection présidentielle sur les formes de politisation en France ? Quel que soit, dans les deux partis, le degré d'autonomie laissé aux candidats, il existe une forte asymétrie dans la position de chacun d'entre eux par rapport à son propre parti. Tandis que Nicolas Sarkozy, dans une logique parlementaire classique, a d'abord conquis son parti avant d'être candidat, ce qui réduit fortement les risques de tension entre eux durant la campagne, Ségolène Royal, dans une logique plus proche du présidentialisme américain, a conquis la désignation sans contrôler au départ son parti. Les risques de décalages, voire de tensions, entre le parti et la candidate sont plus réels, ce qui peut affaiblir celle-ci d'une manière ou d'une autre. Le rapport du parti à son(sa) candidat(e) devra être résolu dans l'avenir d'une manière plus claire, ce qui peut constituer une question lourde et complexe car elle engage une réflexion plus poussée sur le rôle du parti dans le processus de l'élection présidentielle. Plus largement, face à la crise de confiance politique actuelle, Ségolène Royal et Nicolas Sarkozy prescrivent des remèdes sensiblement différents. La première a parié sur l'effacement du programme et sur le retournement de la délégation par la participation ; le second a investi sur le volontarisme programmatique et l'affirmation de la responsabilité politique. Même si leur succès ou leur échec ne pourront, en toute rigueur, être interprétés en tenant compte de cette seule dimension, nul doute qu'ils le seront cependant et que cette interprétation sera elle-même porteuse d'une forme de légitimation. L'autre incertitude porte sur la constitution des clivages politiques. La campagne de 2007 apparaît comme un subtil mélange entre l'affirmation du clivage gauche-droite et le brouillage de celui-ci. Le clivage gauche-droite n'est pas occulté dans la mesure où chacun prend position dans un camp et se revendique de gauche ou de droite, mais, à l'intérieur de ce cadre, les clivages sont en voie de transformation et sont parfois brouillés par le recours à la technique de la triangulation. Alors que les projets du PS et de l'UMP se distinguent sans ambiguïté, la dynamique de la campagne présidentielle introduit sa logique propre, faite de personnalisation, de volonté de rassemblement, et de sensibilité à la conjoncture et aux effets de la compétition. Cette autonomie des candidats les conduit, pour tenter de l'emporter, à développer des thématiques personnelles, à adopter des formes particulières de langage pour s'adresser aux électeurs, à s'avancer sur le terrain de l'adversaire, et à donner un tour à leur campagne qui peut avoir des effets en retour sur les partis eux-mêmes et sur leur évolution ultérieure. La question des relations entre partis et candidats, du degré de maîtrise et des effets qu'ils ont les uns sur les autres demeure centrale.

Dernières parutions

Sciences Po. De La Courneuve à Shanghai
Richard Descoings
2007 / ISBN 978-2-7246-0990-5

Collection **Nouveaux** Débats

La collection Poche des Presses de Sciences Po

Dernières parutions

1. Un nouveau contrat mondial
Pour une gouvernance social-démocrate
David Held
2005 / ISBN 2-7246-0956-5

2. La Constitution européenne
Que faut-il savoir ?
Florence Deloche-Gaudez
2005 / ISBN 2-7246-0950-6

3. La Norme sans la force
L'énigme de la puissance européenne
Zaki Laïdi
2005 / ISBN 2-7246-0982-4

4. Droits d'ingérence
Dans le monde post-2001
Philippe Moreau Defarges
2006 / ISBN 2-7246-0980-8

5. Français comme les autres ?
Enquête sur les citoyens d'origine maghrébine,
africaine et turque
Sylvain Brouard et Vincent Tiberj
2005 / ISBN 2-7246-0984-0

6. *Émeutes urbaines et protestations*
Une singularité française
Hugues Lagrange et Marco Oberti (dir.)
2006 / ISBN 10 : 2-7246-0992-1 / ISBN 13 : 978-2-7246-0992-9

7. *Les Mots des présidentielles*
Vincent Tiberj, Florent Gougou, Soline Laplanche-Servigne,
Camille Peugny
2007 / ISBN 978-2-7246-1009-3

8. *La France vers le bipartisme ?*
La présidentialisation du PS et de l'UMP
Gérard Grunberg et Florence Haegel
2007 / ISBN 978-2-7246-1010-9

9. *Parler pour gagner*
Jean-Louis Missika, Denis Bertrand, Alexandre Dézé
2007 / ISBN 978-2-7246-1015-4

Domaine **Fait** politique

Dirigé par Pascal Perrineau et Janine Mossuz-Lavau

Comprendre ce qui fonde le lien politique, réfléchir à l'évolution des institutions et des organisations, mettre au jour les logiques des comportements et des attitudes, analyser les grands enjeux qui structurent le débat politique.

Dernières parutions

Atlas électoral 2007
Pascal Perrineau (dir.)
Hors collection
2007 / ISBN 978-2-7246-1011-6

L'Égalité introuvable
La parité, les féministes et la République
Éléonore Lépinard
Collection Académique
2007 / ISBN 978-2-7246-1013-0

Partis politiques et système partisan en France
Florence Haegel (dir.)
Collection Références
2007 / ISBN 978-2-7246-1001-7

Comprendre le monde pour le changer
Épistémologie du politique
Pierre Favre
Collection Références
2005 / ISBN 2-7246-0970-0

Le Vote européen 2004-2005
De l'élargissement au référendum français
Pascal Perrineau (dir.)
Collection Chroniques électorales
2005 / ISBN 2-7246-965-4

Tocqueville et l'esprit de la démocratie
The Tocqueville Review / La Revue Tocqueville
Laurence Guellec (textes réunis par)
Collection Références
2005 / ISBN 2-7246-0963-8

Achevé d'imprimer par Corlet, Imprimeur, S.A. - 14110 Condé-sur-Noireau
N° d'Imprimeur : 99152 - Dépôt légal : mars 2007 - *Imprimé en France*